Esboço para uma

NOVA PSICANÁLISE

EDUARDO SÁ
Psicólogo
Professor da Universidade de Coimbra e do ISPA (Lisboa)

Esboço para uma
NOVA PSICANÁLISE

ALMEDINA

Esboço para uma
NOVA PSICANÁLISE

AUTOR
EDUARDO SÁ

REVISÃO CIENTÍFICA
RAQUEL VIEIRA DA SILVA

EDITOR
EDIÇÕES ALMEDINA. SA
Av. Fernão Magalhães, n.º 584, 5.º Andar
3000-174 Coimbra
Tel.: 239 851 904
Fax: 239 851 901
www.almedina.net
editora@almedina.net

PRÉ-IMPRESSÃO | IMPRESSÃO | ACABAMENTO
G.C. GRÁFICA DE COIMBRA, LDA.
Palheira – Assafarge
3001-453 Coimbra
producao@graficadecoimbra.pt

Abril, 2009

DEPÓSITO LEGAL
283281/08

Os dados e as opiniões inseridos na presente publicação são da exclusiva responsabilidade do(s) seu(s) autor(es).

Toda a reprodução desta obra, por fotocópia ou outro qualquer processo, sem prévia autorização escrita do Editor, é ilícita e passível de procedimento judicial contra o infractor.

Biblioteca Nacional de Portugal – Catalogação na Publicação

SÁ, Eduardo

Esboço para uma nova psicanálise. – (Psicologia)
ISBN 978-972-40-3646-5

CDU   159.9

Foi ao tentar recolher contributos para repensar a (minha) psicanálise que agrupei estes textos. Alguns foram deslocados de livros anteriores, uma vez que continham alguns fundamentos que considerei essenciais para esta reflexão. Têm, como irão ver, um formato e conteúdos um pouco dissonantes dos restantes textos. Os outros, juntei-os na esperança de conseguir, desse modo, deixar mais claro que as neurociências, a psicologia do feto e do bebé, a psicopatologia clínica e a psicossomática podem ajudar a repensar, profunda e seriamente, a psicanálise.

Capítulo 1

PSICANÁLISE: UMA REVOLUÇÃO TRANQUILA

1.

A psicanálise tem vindo, desde há um século, a ser o futuro da psicologia. Foi-o quando opôs o humanismo clínico a uma visão positivista do Homem. E não deixou de o ser sempre que, por exemplo, ao arrepio de uma visão tecnocrática do sofrimento e da doença, se colocou, como eixo determinante na compreensão e na promoção da saúde mental. O arrojo da psicanálise nunca ganhou com aqueles que a confundiram com uma ideologia, nunca se vitalizou com quem a repetiu sem a pensar (fossem psicanalistas ou não), e não se legitimou com quem foi clivando os conceitos da psicanálise da humanidade exigível a quem os reparte. Ao longo da sua história de vida, para a identidade da psicanálise terão sido, ainda, prejudiciais todos aqueles que foram tomando o constructo psicanalítico como um instrumento de poder (na interpretação da "realidade", como no acesso ao sofrimento humano, por exemplo). Mas não poderemos tê-lo feito todos, pelo menos, nalguma ocasião? Não teremos desperdiçado (uma vez, que fosse) o potencial de ruptura de uma relação analítica e, em vez da identidade ressaltar da transformação de duas pessoas que se confiam, não nos teremos surpreendido a imaginar (em muitas ocasiões!) que uma pessoa se transforma connosco sem que nos transformemos com ela?.

Começo, como reparam, pensando a identidade abrindo-a à psicanálise. Porque receio que algum narcisismo – com que, porventura, todos nós, nos tenhamos protegido das nossas inseguranças, de vez em quando – seja um bom exemplo de algum mal-estar da identidade. Por outras palavras (nas relações entre as pessoas ou na relação com a psicanálise) *o narcisismo é o falso-self onde se encobrem as doenças da identidade.*

2.

Mas continuemos a pensar a identidade... a partir da história de vida da psicanálise.

A identidade da psicanálise ergueu-se, como corpo científico, na relação com as disciplinas do seu tempo, assumindo o confronto crucial de conhecimentos que distingue a ciência da ideologia. Veja-se a coerência interna da identidade da psicanálise, apesar de alguns aspectos que a terão condicionado. Refiro-vos seis:

- o positivismo. O positivismo foi, potencialmente, perturbador para a identidade da psicanálise. A clínica psicanalítica é como uma micro-cirurgia: ancora em diversas disciplinas científicas mas não é, em si, uma ciência. Apesar da aspiração – positivista – de fazer da clínica analítica uma ciência, a identidade da psicanálise esclareceu-se para além dos seus devaneios positivistas;
- a dinâmica novecentista da família, inequivocamente *machista e matriarcal*, associada a uma perspectiva rudimentar de criança, que vem de Rosseau. Que fez com que a educação familiar confundisse educar com conter, contrariar com domesticar, e tomasse a construção da identidade, na criança, entre a comunhão com o objecto materno e a identificação ao agressor (que o pai, regra geral, promovia nas famílias tradicionais, para terror dos seus filhos). Uma ideia novecentista da criança e da família é, hoje, potencialmente, perturbadora para a identidade da psicanálise. Formulou as relações familiares de uma forma diferente da criança e da família no século XXI;
- uma ideia jurássica do bebé. Os bebés não nascem, psicologicamente, ao fim de nove meses (nascem antes!), nunca nascem num registo de uma psicose congénita (ou num registo auto-erótico ou, mesmo, narcísico): nascem aptos para as experiências de comunhão;
- uma formulação estática da educação. Os objectos materno e paterno não são nem primário nem secundário: são interactivos (assim sejam solidários), matizam-se nas suas funções (fazendo

com que a construção da identidade se confunda com a história de vida, tornando-a mais relacional e bissexual). Educar, ao contrário do que era há muito menos de 100 anos, já não é domesticar. A identificação é um processo recíproco entre os pais e filhos. Quando os pais e os filhos se educam há educação. Mas, apesar de uma compreensão novecentista da criança e da família positivista, a identidade da psicanálise esclareceu-se, e a psicanálise... cresceu;
- a ideia vitoriana de sexualidade que, a par de um puritanismo sufocante, conviveu com o abuso, com o assédio, e com a violação de crianças, com todas as sequelas traumáticas que traziam consigo (o que também foi, potencialmente, perturbadora para a identidade da psicanálise). Porque foi tomando a sexualidade num registo demasiado impulsivo (e, perigosamente, primário), porque foi configurando a sexualidade numa dimensão pouco objectal, e porque (talvez) tenha trazido, de menos, conceitos como os de Winnicott ou de Klein, ou de Bion para a compreensão da sexualidade (que, de facto, é um despir por dentro que vai da superfície da pele ao fundo da alma). Nomeadamente, quando tomou o complexo de Édipo como o núcleo da neurose infantil, em vez de considerar a triangulação como a compatabilização objectal com que se harmonizam as representações da mãe e do pai, e o amor sem objecto como a atmosfera de desamparo que, por falta de pais, matiza de depressão a infância de muitos de nós. Mas, apesar de alguns mal-entendidos, a psicanálise não se atolou nas distorções identitárias das reacções psicanalíticas à sexualidade vitoriana. Assumiu, há mais de 100 anos, a propósito da sexualidade, uma ruptura identitária que é um exemplo de humanidade que deve orgulhar todos os psicanalistas, e compreendeu que é na relação com a morte, com as experiências de parentalidade e com a sexualidade, que o carácter humano se esclarece;
- uma formulação, frágil, das neurociências (se a compararmos com as referências que, hoje, conhecemos).

Continuemos a reflectir acerca da identidade da psicanálise a partir deste último ponto.

3.

Em muitos momentos, as neurociências têm condicionado algumas reflexões acerca da identidade da psicanálise. Numas vezes, as neurociências são tomadas como, inequivocamente, ameaçadoras, como se nelas se resguardasse a destruição da própria psicanálise. Noutras, são olhadas com fascínio, sem que, todavia, se tente fazer com elas o trabalho de síntese que Freud foi promovendo entre a psicanálise e as disciplinas científicas do seu tempo. Noutras, ainda, o diálogo da psicanálise com as neurociências é sentido como se ficasse aquém de outras discussões (mais encerradas em torno dos termos psicanalíticos ou da legitimidade histórica de quem os reflecte). Mas não pode a psicanálise, como modelo científico, aprofundar-se sempre que se põe à prova, junto de outras disciplinas adjacentes? Sem dúvida que sim! Sempre que as teme, não poderá a psicanálise estar a reagir como se, de um confronto com elas, saísse a perder? Claro. Fechar-se sobre si (ficando a discutir, unicamente, a legitimidade dos conceitos, por exemplo), mesmo que pareça representar uma afirmação enfática da identidade psicanalítica, não poderá ser uma insegurança identitária da própria psicanálise que foge à vida, ao conflito e à história de vida da psicanálise? Julgo que sim.

Mas voltemos ao diálogo entre o nervoso e o mental. E, se me permitem, "deitemos a mão" ao conceito mais essencial da identidade da psicanálise: o inconsciente. Conhecerá o sistema nervoso, partindo das neurociências, em quaisquer circunstâncias, outro estado que não seja a consciência? Hoje, acho que não. Nunca! Veja-se a resposta emocional da paramécia (um organismo unicelular) "todo feito de corpo, nada de cérebro e menos de mente, nadando rapidamente para evitar um perigo na piscina natural do seu habitat" (Damásio, 2003).

As emoções perfilam-se como "colecções relativamente complexas de respostas" (Damásio, 2003), "(...) rapidamente identificadas em seres humanos, das mais diversas culturas e, também, em seres não humanos" (ibid.)

Tomando as emoções como o vocabulário da consciência, talvez devamos abandonar a formulação de Freud (também adoptada por Bion) que tomava a consciência como «orgão sensorial para a percepção das qualidades psíquicas» porque (por mais irracional que pareça) emoção é consciência. Se preferirem, se repensarmos a consciência a partir das emoções, ela – a consciência (que, dantes, imaginávamos como um insight clarividente e racional) – será a actividade mental de intuição da actividade nervosa. Como, também, o trabalho de sonho é consciência.

Mas, sendo assim, será essa formulação ameaçadora para a identidade da psicanálise? Põe em risco a sua história de vida? Não! Fragilizará a noção de inconsciente? Também não. Em primeiro lugar, porque a espontaneidade e a complexidade das emoções permite-nos perceber que, ao acoplar, continuada e espontaneamente, todas as emoções em imagens mentais, o sistema nervoso não as racionaliza: antes as intui. Sendo assim, o sistema nervoso, funciona como uma permanente função (ou, se preferirem, como um «trabalho de sonho» ininterrupto). Em segundo lugar, a censura ou as interdições superegóicas fazem descer sobre a consciência, trazida pelas emoções, as brumas do recalcamento, sendo o conflito psíquico o resultado de duas consciências que se desencontram.

4.

Neste contexto, em que a noção metapsicológica de inconsciente resiste a um confronto (mais ou menos crucial) com as neurociências, como poderemos entender a identidade da psicanálise, pensando a técnica psicanalítica? Como uma desconstrução que, dissipando o recalcamento, compatibiliza duas consciências? Não chega. Acedendo ao eixo seleccionado que as une e que arquitecta a fantasia inconsciente? Também não. Usufruindo da transferência, como um «new beginning» relacional que irá promover o deslocamento da experiência da análise a todo o espaço da relação? Sim. Se interpretar for dissipar o recalcamento, aceder à fantasia, promover a transferência... tudo isto se, antes, se facilitar a experiência de se ser compreendido.

A experiência de ser compreendido é uma experiência de comunhão entre analisando e analista, talvez semelhante ao que Bion chama «união mística com a verdade». A experiência de ser compreendido resulta da sintonia entre as contra-transferências do analisando e do analista, a partir da qual se dissipa o recalcamento, se acede à fantasia, e se promove a transferência. (Mas se a contra-transferência é tão incontornável numa relação analítica, como compreender que, em função dela, tantos analistas permaneçam tão resistentes à transformação?...)

A comunhão entre as contra-transferências do analisando e do analista talvez seja o "motor" da transformação, e suscite a experiência de ser compreendido. Por outras palavras: a comunhão analisando/analista promove a transformação quando, abrindo espaço ao trabalho analítico, compatibiliza duas histórias de vida num mesmo gesto, e revitaliza a identidade como uma rede de vínculos.

Sendo assim, identidade é transformação. E vice-versa. Para o analisando. E para o analista. Por outras palavras, sempre que o psicanalista se fecha e imagina promover a transformação sem se que se transforme, está a recusar a análise como ruptura identitária e como experiência de transformação e, a coberto de conceitos analíticos, está a denegar a identidade psicanalítica... e a sobrepor o poder à sabedoria. Tem sido assim nalguns momentos da história da psicanálise, um pouco por todos os lugares. E, porventura, também connosco.

Afinal, a identidade é o mínimo denominador comum de todas as identificações? Não só. Resulta da condensação das identificações? Também. Haverá identidade sem relação? Claro que não! A identidade é um vínculo ou uma rede de vínculos?

A identidade é uma comunhão com os vínculos. Indo por aí, é o que nos une que dá vida aquilo que separa. Por outras palavras, uma ruptura identitária pode ser um espaço, criativo, de transformação, só possível quando existe uma comunhão com os vínculos. Será assim numa relação amorosa, numa relação analítica, ou na história de vida da psicanálise.

5.

Neste contexto em que a noção metapsicológica de inconsciente resiste a um confronto (mais ou menos crucial) com as neurociências, como poderemos entender a identidade da psicanálise, pensando as expectativas de quem, partindo de enredos que se enovelam, procura, numa relação psicanalítica, uma história de vida? Transforma-se sempre que se torna mais pessoa? Sim. Transforma-se de cada vez que se torna mais igual a si própria? Sem dúvida! Somente quando a psicanálise faz da transformação um processo de autenticidade, entre analista e analisando, a identidade psicanalítica esvazia o falso-self analítico.

Afinal, a transformação é um processo relacional. Mas, se a identidade é uma comunhão com os vínculos, se um analista promove inúmeras transformações porque é que, nalgumas vezes, ficamos com a ideia que muitos analistas promovem a transformação sem se transformarem? Alguma vez uma pessoa se transforma sem que, antes, um psicoterapeuta se transforme? Será que basta querermos que uma pessoa se transforme para nós para que ela aceda à transformação? Também não.

Mas, ainda assim, todos nós, pelo menos uma vez, já proporcionámos transformações sem nos que nos transformássemos. E, apesar disso, a psicanálise continuou a ser o futuro da psicologia. Apesar de todos os factores que, potencialmente, seriam perturbações identitárias, a identidade da psicanálise aprofundou-se. Apesar dos conflitos, fundados em perspectivas diferentes diante do conhecimento que, momentaneamente, nos foram separando, a psicanálise tem crescido. Como se as rupturas que ela promoveu, estando muito além das nossas divergências, configurassem uma revolução tranquila. Afinal, ninguém está a mais quando se trata da construção de uma identidade. Porque, apesar de tudo o que nos distancia, a psicanálise, ao ancorar uma relação de transferência em duas contra-transferências que se compatibilizam num mesmo estado de comunhão, ensinou-nos a humanidade de:

– Vitalizar um outro olhar sobre a dor (levando-nos a reintroduzir ambivalência onde ela se perdeu);

- Reconciliar a pessoa com os seus ritmos (que foi reprimindo);
- Organizar, através da transferência, uma relação de ancoragem à vida, resgatando-a da morte;
- Devolvendo-a à humildade que a comunhão com os vínculos nos deixa ter, diante das surpreendentes janelas com que a vida nos desconcerta. E promovendo o enamoramento pela vida, que é tudo o que persiste quando não desistimos de estar com aqueles que, ajudando-nos a pensar, dão vida à história e nos constroem a identidade... sempre que não desistimos de ser parte (e ruptura) na construção da sua.

Bibliografia

Damásio, A. (2003). *Ao Encontro de Espinosa*. Lisboa: Europa-América.

Capítulo 2
DA BIOLOGIA À PSICANÁLISE

O Inconsciente, da Biologia à Psicanálise

A psicanálise foi, com Freud, um pensamento plural: aberto ao mundo, atento à humanidade dos gestos, e acessível às pessoas. Como todos os modelos científicos, a psicanálise é um movimento de síntese – fantástico – que, em muitos momentos, terá sofrido constrangimentos em função de algumas leituras fundamentalistas de alguns psicanalistas. Para elas terão contribuído o narcisismo com que terá sido vivida, por muitos, e as tentativas de sistematização epistemológica da psicanálise como uma ciência (que tiveram uma influência nefasta do positivismo). Ao contrário do pensamento clínico de Freud, e da seriedade com que foi tentando sintetizar os conteúdos científicos dos séculos XIX e XX, ambos mais livres e mais preponderantes na revolução que a psicanálise trouxe à humanidade.

Em muitos aspectos, o raciocínio epistemológico de Freud não se distingue muito do de Watson. O fundador do behaviorismo tentou minorar os riscos da subjectividade, reduzindo o psiquismo ao arco reflexo, enquanto Freud, no "O Projecto para uma psicologia científica" reclamava o seu desejo de estruturar «(...) uma psicologia que seja uma ciência natural: isto é, representar os processos psíquicos, quantitativamente determinados, em partículas materiais especificáveis, dando assim a estes processos um carácter concreto e inequívoco». Um e outro tentaram imaginar a biologia nervosa como os confins positivos da natureza humana.

1.
A fonte da subjectividade humana

O sistema nervoso não é, ao contrário do que Freud e Watson supunham, a última fronteira da subjectividade humana, mas a sua fonte. Muito menos é uma realidade homeostática e de constâncias, mas a Natureza em movimento dentro de nós, procurando níveis harmónicos de complexidade sempre crescente. Só grosseiramente poderemos tomar o sistema nervoso à imagem dos computadores porque, em rigor, na sua vitalidade, um computador é só um "animal doméstico", um "lápis" pensado à imagem desta fabulosa "máquina", ergonómica e portátil, que é o cérebro (ou, com mais rigor, o sistema nervoso).

Como refiro em "Psicologia do Feto e do Bebé", a vida – à luz do segundo princípio da termodinâmica – descreve que os fenómenos irreversíveis criam a entropia. Isto é, «(...) perto do equilíbrio, a termodinâmica descreve um mundo estável (...), no qual, após cada flutuação, o sistema regressa ao seu estado de equilíbrio. Mas, ao colocarmo-nos longe do equilíbrio, as flutuações podem dar nascimento a novas estruturas espaço-temporais, a uma diferenciação progressiva, ao não-equilíbrio... e a uma "pluralidade de futuros".

É assim o sistema nervoso: alimenta o pensamento e deixa-se modelar por ele. É vivo, associativo (em 99,8% das fibras nervosas), nunca repete porque recria, cresce para a complexidade, longe do equilíbrio, e abre-nos a uma pluralidade de futuros». Para além do mais, nos seres humanos, novos neurónios crescem ao longo de toda a vida, a partir daquilo a que chamamos células indiferenciadas, que podem transformar-se em qualquer tipo de célula específico, em qualquer parte do corpo (Goleman, 2005). Por outro lado, «(...) o cérebro sofre mudanças constantes em resultado das nossas experiências, quer estabelecendo ligações adicionais entre os neurónios, quer gerando neurónios totalmente novos» (Goleman, 2005) fenómeno descrito como *neuroplasticidade*.

2.
O nervoso e o mental

O sistema nervoso é uma realidade de uma beleza e de uma imponência fantásticas, que guarda 20 000 milhões de bits de informação e se estende por 160 000 Km de extensão. Expande-se, a partir da 8ª semana de gestação, ao ritmo de 250 000 novos neuroblastos por segundo que, ao nascimento, representam 10^{25} neurónios e sinapses (um tamanho semelhante a todos os grãos de areia de todas as praias da Terra) que, se os contássemos a mil por segundo, nos levariam entre 3000 e 30 000 anos a contar.

O mental não é a consequência do cerebral: o pensamento é, (muito mais que o resultado da auto-organização cerebral) o arquitecto do sistema nervoso. Talvez a psicanálise não o tenha entendido assim, até porque, por influência das ciências do século XIX, o sistema nervoso seria a última fronteira da subjectividade humana e o seu domínio (cirúrgico, imagiológico ou farmacológico) uma conquista Prometaica.

Ao contrário de Descartes, que fazia uma clivagem entre o corpo e a mente, o sistema nervoso não é o encéfalo mas está em todo o corpo: nos sentidos, nas emoções, nos comportamentos reflexos (muitos deles, resultantes da filogénese, como Freud o intuiu), em todos os outros sistemas do corpo, na memória (que orquestra, através do eixo hipotálamo-tálamo-hipocampo-cingular, o sistema nervoso), e nas ideias (que se geram espontaneamente, como resultado das combinações nervosas que resultam dos conhecimentos com que o alimentamos). Prochiantz (1991) – um biólogo – refere, mesmo, que o cérebro não está separado do corpo, referindo que a barreira hematoencefálica será uma simples barreira "porosa", contendo «(...) o cérebro, em si mesmo, materiais celulares saídos dos outros sistemas do organismo; então teremos de admitir que o pensamento (de que o cérebro é sede) envolve todo o corpo».

Que Descartes nos desculpe mas... existirá corpo? Não o estaremos a tomar num registo objectivável, isolando-o de uma relação, viva, mais complexa e mais fluida, entre sistemas vivos? Afinal, o cérebro e o corpo encontram-se intimamente ligados pelos circuitos bioquímicos e neurais dirigidos, reciprocamente, de um para o outro, ligados pelos nervos motores, sensitivos e sensoriais (que constituem o Sistema Nervoso Periférico), e pela corrente sanguínea (que transporta hormonas, neurotransmissores e neuromoduladores).

3.
O Inconsciente

O inconsciente, tal como Freud o concebeu, representa uma perspectiva clarividente e didáctica que resulta na confluência, num mesmo termo, do "inconsciente" da memória filogenética (que Freud entendeu muito bem, quando se propôs pensar a sexualidade ou os grupos), do "inconsciente" da vida emocional, do "inconsciente" da memória traumática (das neuroses), do "inconsciente" da culpa persecutória (como a das neuroses de guerra) e do "inconsciente" dos sonhos. Mas, para além da sua dimensão metafórica, talvez a perspectiva metapsicológica de Freud possa ser concretizável, se tentarmos localizar o inconsciente no sistema nervoso.

Freud não estaria mal se associasse o inconsciente a estruturas neuro-anatómicas como o Cérebro de Réptil e o Sistema Nervoso Autónomo. O Sistema Nervoso Autónomo faz-nos abrir, reflexamente, a pupila diante de alguém bonito (... levando a "comer" com os olhos), dá-nos sinais de angústia – em face de uma experiência que nos evoque memórias filogenéticas ou ontogenéticas que os justifiquem – e leva-nos a ter reacções de raiva simpática (como reacção ao medo). Por exemplo, o Sistema Nervoso Autónomo representa um "lado animal" da natureza humana (embora não seja o único) perante o qual (imaginava Freud, ao contrário do que se passa no sistema nervoso) a ausência das regras da civilização nos poderia transformar em "bestas indomáveis". Talvez fosse prematuro, na sua época, que percebesse que o sistema nervoso tem memória dos laços, ternura e ética (conteúdos que foram melhor compreendidos pelos psicanalistas que pensaram a relação de objecto).

O sistema nervoso existe para nos proteger e medeia todos os nossos movimentos de proximidade e de distanciamento. Dispõe de formações neuro-anatómicas que:

- geram o desejo (através do Sistema Nervoso Autónomo – SNA);
- "roubam" sangue ao encéfalo e deslocam-no para as massas musculares, para que ataquemos ou para que fujamos, protegendo-nos com a raiva (do SNA);
- mobilizam-nos para as transformações bioquímicas do sistema endócrino;
- despertam-nos comportamentos gregários e de sobrevivência (com as estruturas do "cérebro de réptil");
- geram comportamentos reflexos de maternalidade e de ternura (através do sistema límbico, que organiza, ao mesmo tempo, a memória);
- interpelam, interpretam e elaboram toda a informação nervosa (por intermédio do neocortex);
- e associam informação (através da formação reticular, do corpo caloso, do tálamo, do cíngulo...).

O sistema nervoso gera informações contraditórias (a que a psicanálise foi chamando conflitos). Em muitas circunstâncias, cérebro de réptil, sistema límbico e neocortex analisam e reagem a um mesmo acontecimento com informações contraditórias (*proto-si*). Em quaisquer uma delas, a função fundamental do sistema nervoso é integrar essas diversas instâncias do sistema nervoso num só gesto e numa mesma relação. O sistema nervoso guarda em si os níveis de complexidade da Natureza mas, também, a clarividência de, à margem da nossa vontade, e de associação em associação, os pensar por nós.

Noutro contexto António Damásio em "O Sentimento de Si" distingue *emoções* (dirigidas para o exterior), *sentimentos de emoções* (dirigidos para o interior) e *sentimento de si ou consciência*, que resultaria do sentimento que se tem do sentimento da emoção (que torna os sentimentos conhecidos ao individuo que os experimenta). *A consciência de si tanto pode ser nuclear* (que é um fenómeno biológico simples, que não é exclusivo do ser humano, é estável ao longo da vida do indivíduo, dá conta do organismo no aqui e agora, e não surge na dependência da memória convencional, da memória de trabalho, do raciocínio ou da linguagem) *como pode ser alargada* (que é um fenómeno complexo, dependente da memória convencional, da memória de trabalho e da linguagem, possui vários níveis de organização e evolui ao longo da vida do indivíduo, representando uma *memória auto-biográfica, consciência alargada ou si autobiográfico* (sendo um arquivo organizado de experiências passadas do organismo individual).

Em resumo, o mental não é a consequência do cerebral: o pensamento é, muito mais que o resultado da auto-organização cerebral, o arquitecto do sistema nervoso. Talvez nesta continuidade, Lombardi (2002) retome a noção de corpo como um «objecto original concreto», fonte dos fenómenos mentais, e Gibello (2001), atribua a designação «continentes do pensamento» – arcaicos, simbólicos e culturais – às estruturas dinâmicas que dão sentido aos diferentes tipos de experiência que, no essencial, recorrem à memória como tema central da teoria, e da prática, psicanalíticas (Leuzinger-Bohleber e Pfeifer, 2002). Ao contrário de Descartes, que fazia uma clivagem entre o corpo e a mente, o sistema nervoso não é o encéfalo; está em todo o corpo. O inconsciente da psicanálise representa uma destrutividade animal dentro de nós? Não. Representa vida. Pulsão e vida.

Segundo Masi (2000), «no contexto da teoria psicanalítica, existirá um ou vários inconscientes», adiantando que «a neurose envolve o inconsciente dinâmico e a psicose altera o inconsciente emocional», tomando o inconsciente dinâmico como o inconsciente descrito por Freud, enquanto o «inconsciente emocional está relacionado com aquilo de que nós não estamos conscientes, o inconsciente intuído por Bion e confirmado pelos dados das neurociências».

4.

O Pensamento

Freud imaginou a associação livre como "o método" da psicanálise mas, em rigor, é "o método" do sistema nervoso. A associação livre é sustentada por 99,8% das fibras do sistema nervoso que são... associativas.

Serão os pensamentos anteriores à capacidade de os pensarmos, como dizia Bion? Isto é: será a realidade nervosa que cria a realidade mental? Em parte. Mas a biologia nervosa permite-nos perceber que todas as interacções sociais suscitam transformações sinápticas. Sendo assim, *é a relação que organiza e arquitecta as associações e a biologia nervosa; é o mental que organiza o cerebral.* Daí, que *toda a realidade nervosa seja, potencialmente, uma realidade mental; todo o impulso nervoso é, em potência, um pensamento.* O impulso nervoso desencadeia, pelas interacções e pelas recombinações nervosas que suscita, um "efeito de borboleta" e, portanto, ao contrário doutros domínios da vida (em que é preciso mudar alguma coisa para que tudo fique na mesma), no sistema nervoso sempre que muda alguma coisa, nada fica como dantes. Aliás, a partir do momento em que René Thom falou de equações diferenciais não-lineares introduziu um novo quadro de mundo «(...) inclui descontinuidade, desordem e irregularidade manifestas – e a atenção a sistemas que são complexos (em comparação com os sistemas estudados nas ciências físicas clássicas). (...)» Longe de ser caótico e desorganizado de verdade, o mundo conforme estudado pela teoria do caos é organizado, mas organizado de um modo muito diferente daquele pelo qual costumamos pensar a organização (...) (Galatzer-levy, 2006). Se para o mundo das equações lineares grandes mudanças provocariam grandes resultados e causas simples produzem resultados simples, «(...) para o mundo da dinâmica não-linear (...) pequenas causas podem provocar mudanças muito grandes (...)» (ibid.). Por outras palavras, uma ideia ou um pensamento elaborado podem criar uma complexidade mais transformadora que muitos pensamentos. Que desafio (e que responsabilidade) isso traz a todos os pequenos gestos de um psicanalista!

O que fica da actividade cerebral de pensar? Mais sinapses (aprender é produzir novas sinapses e refinar outras... com que podemos repensar), *vínculos* (guardados na memória, que ficam das pessoas cuja presença arquitectou o nosso pensamento), *a sabedoria* (que não representa uma memória fotográfica mas uma memória associativa e combinatória, que compacta informação depois de a despir do supérfluo e guardar dela os seus mínimos denominadores comuns), *e a intuição* (que é a forma de consciência fundamental do sistema nervoso, que nos permite perceber que Bion não a entendeu como competência espontânea do sistema nervoso, anterior à intencionalidade de pensar e interdependente da existência de pensamentos).

5.
Inconsciente, intuição e sabedoria

Será o inconsciente... inconsciente ou, partindo daqui, terá sentido retomarmos, de uma outra maneira, a noção de "dupla consciência", proposta por Freud e por Breuer, em 1895, a propósito dos Estudos sobre a histeria? Nem o inconsciente é inconsciência nem a noção de «dupla consciência» me fará, hoje, sentido.

Na verdade, *tudo o que se passa no sistema nervoso é consciência*. Atrás, com Damásio, falava-vos de uma consciência nuclear, mediada por emoções, e de uma consciência alargada, de carácter histórico. Se quisermos ser um pouco mais didácticos poderemos dizer que *convivem três consciências em nós: uma, sub-cortical* (que produz e integra informação de formações neuroanatómicas como o cérebro de réptil, o sistema nervoso autónomo ou o sistema límbico) *outra, cortical, associável ao que Piaget chamava pensamento hipotético-dedutivo, que estamos agora a utilizar para pensar em conjunto; e uma terceira consciência (alargada) que resultará da comunhão e da síntese destas duas.* As três ligam-se, espontaneamente, e integram todos os conteúdos que o sistema nervoso produz através da auto-organização cerebral. A intuição representa, a meu ver, o resultado da ligação espontânea destes três níveis (e será muito mais consciência do que a consciência de que Freud falava). À sua ligação duradoura passarei a chamar sabedoria. Por outras palavras, nascemos equipados para a intuição e para a sabedoria. (Ao contrário do que Bion achava, o aparelho de pensar o pensamento tanto poderia ser a auto-organização cerebral como a consciência alargada, se bem que não me pareça que ganhemos ao voltar a esta ideia anacrónica de psicanálise que tanto a prejudicou). *Se tomarmos o inconsciente da psicanálise como uma forma enfática de falarmos desta sabedoria*, que "varremos para baixo do tapete", apesar de toda a repressão com que lidamos com ele, *o inconsciente pensa por nós: o sistema nervoso é uma "força" clarividente que pensa antes da intencionalidade de pensar*. Mas, sendo assim, a verdade, em termos individuais, não corresponde à correspondência milimétrica entre aquilo que vimos ou que sentimos e a realidade mas representará a comunhão entre a sabedoria e a consciência alargada (porque, por mais que esta desempenhe uma função integrativa de análise e de síntese, há sempre partes do que sabemos que precisam da comunhão relacional para que se esclareçam). Já num plano relacional, a verdade corresponderá a uma consensualidade de contra-transferências (a que chamo, enfaticamente, comunhão), que não será diferente do que Bion chama rêverie. Ou, se preferirem doutro modo, a verdade é a síntese entre aquilo que pensamos e a sabedoria, e a loucura é uma luta entre a sabedoria e a falsidade.

6.
A imaginação, o sonho, e o corpo

Freud terá imaginado as instâncias cerebrais superiores vigiando as manifestações mais reflexas do comportamento (fossem elas manifestações sexuais ou as reacções de angústia ou comportamentos agressivos). Mas, hoje, essa ideia não tem sentido. Freud, hoje, tomaria em consideração o neocortex e o sistema límbico.

O sistema límbico permite-nos perceber que: a ternura e a maternalidade são comportamentos reflexos; que a vinculação não só não é subsequente à satisfação das necessidades primárias mas é, ela própria, uma necessidade primária; e que a relação gera transformações estáveis no sistema nervoso (por isso, podemos tomá-la como o aparelho de pensar, que enquadra todas as manifestações mais arcaicas do sistema nervoso, e lhes dá uma dimensão ética, visível, aliás, nalguns trabalhos de etologia animal sobre acasalamentos).

O neocortex ajuda a que compreendamos que a linguagem, por excelência, do sistema nervoso são as imagens mentais. Imagens são construções perceptivas onde predomina um ou vários dos nossos sentidos. Podem ser imagens filogenéticas ou imagens (mediadas por marcadores somáticos) que resultem da nossa experiência de vida. Em quaisquer circunstâncias, estas imagens não são fotográficas mas esquemáticas porque, desse modo, o sistema nervoso retira dessas experiências um valor mais abrangente, e são evocadas por um qualquer sinal que nos remete para uma experiência significativa registada na nossa memória.

Toda a memória se constrói de imagens, embora só as memórias traumáticas sejam fotográficas. *Toda a memória é reconstrutiva e representa, sempre, uma recombinação de imagens a que podemos chamar imaginação.*

Toda a vida nervosa é relação e talvez «(...) o ritmo de vida seja, à escala de uma relação, a triangulação. Não a triangulação entre o pai, a mãe e o bebé, mas entre os rimos do bebé em relação com, pelo menos, dois outros ritmos diferentes. Com humildade, peço licença ao meu amigo Perez Sanchez para interpretar deste modo a sua ideia de 'unidade originária'. Vista assim, *é a triangulação que funda o self, sendo a depressão primária a falha desta relação triangular*, que remete um bebé ou qualquer um de nós para o espaço, ora claustrofóbico, ora agorafóbico, de uma relação a dois» (Sá, 2001).

Há, no entanto, uma curiosa fundamentação dos investigadores da psicossomática em relação aquilo que foram chamando Depressão Essencial (como na Escola Francesa de Psicossomática), Alexitimia ou personalidade de Tipo A (num outro registo da clínica), ou impasse e recalcamento caracterial (em Sami Ali). A dor mental, partindo da neurobiologia, pode expressar-se:

- por imagens (através da função simbólica da fantasia e da imaginação);
- e, caso predomine a retracção dessas respostas de vida, pelo agir impulsivo (caso predomine o pânico) ou por descargas somáticas da dor (sempre que predominam relações aterrorizantes).

Isto é, num segundo momento, o branqueamento da imaginação é a resposta que antecede a queda psicossomática. Num primeiro momento, teremos o bloqueamento do sonho (típico do sono REM), como referia Sami Ali e, só depois, o sintoma psicossomático.

Daí que, do ponto de vista da biologia nervosa, o instinto de vida não lute com o instinto de morte. *Aquilo que parece ser instinto de morte é, simplesmente, uma resposta mortífera face um núcleo objectal mortificante dum objecto interno que, pela sua hegemonia, tiraniza e desvitaliza toda e quaisquer outras relações.* Por outras palavras, como veremos adiante, a psicose representa uma barreira maníaca contra um definhamento melancólico, por acção de um objecto mortificador. Esta barreira maníaca funciona como um imunosupressor das respostas de vida, metendo um medo de morte à vida (como as crianças metem medo ao medo). Daí que faça mais sentido falarmos de pulsão de morte e nunca de instinto de morte. Todos os instintos são de vida.

7.
O inconsciente, da biologia à psicanálise

A concepção do inconsciente trouxe para as ciências psicológicas um contributo muito importante que, para mais, se revelou antecipatório em relação a muitas descobertas que, entretanto, as neurociências nos trouxeram, e que têm sido de uma utilidade muito grande na descoberta do início da vida mental.

«Os bebés foram sendo, ao longo da história da Humanidade, profundamente ignorados, tendo sido uma descoberta estranhamente recente. Tal como noutros modelos dentro da psicologia, o psiquismo dos bebés foi sendo objecto, para a psicanálise, de alguma curiosidade. Mas, acompanhando o desconhecimento desconcertante que se foi tendo acerca da sua vida mental, também a psicanálise se auxiliou dos bebés para transpor para eles, e para confirmar neles, alguns dos seus pontos de vista acerca da vida mental. E se os bebés nascessem a pensar? E se a compreensão neurobiológica e psíquica dos bebés nos obrigasse a reformular muitas das compreensões do psiquismo a partir da psicanálise?

Fará sentido falar de um traumatismo do nascimento, tal como o referia Rank, ou de um estado de organização anterior – posição uterina – que funciona como um apelo à regressão a um estado de comunhão entre duas pessoas?

Se a precocidade de um eu, proposta por Klein, representou um salto significativo a propósito da compreensão dos bebés, talvez a fragilidade do eu, associável à concepção de uma posição esquizo-paranoide – que, para ela, marca os primeiros tempos do desenvolvimento, e que mais parece assumir-se como uma psicose congénita – não corresponda aquilo que de facto se passa após a expulsão uterina» (Sá, 2001).

Não me parece que no bebé dominem partes fragmentadas de um objecto interno, nem aquilo a que, recentemente, Gibello chamava «quase-objectos». O bebé tem, desde o início da vida, uma discriminação finíssima de quem é a mãe. Basta que, para tanto, observemos algumas das reacções de alguns bebés prematuros numa unidade de cuidados intensivos neo-natais, ou os primeiros movimentos de apelo e de comunicação de um recém-nascido em relação à sua mãe.

Mas, sendo assim, quando poderemos falar de um nascimento psíquico? Antes de existir competência para pensar? Quando se trata de haver uma realidade mental? Ou quando é concebível um aparelho de pensar os pensamentos (isto é, um pensador com a intencionalidade de pensar os seus pensamentos)?

O nascimento psíquico está associado à competência para pensar, à competência para recordar, ou à competência para transformar os pensamentos e os gestos daí decorrentes?

Também Bion, quando propôs um modelo de continente-conteúdo, foi levado a pressupor que os elementos psíquicos não tinham, eles mesmos, capacidade para se ligar entre si. Eu acho o contrário. Os elementos psíquicos têm capacidade para se associarem entre si (é da biologia nervosa) sendo a associação espontânea desses elementos traduzida em imagens mentais. Daí que seja legítimo falar de pensamentos anteriores à capacidade de os pensarmos, como da possibilidade de lhes atribuirmos um significado "inconsciente" (nunca havendo, como é óbvio, um 'último significado'). Mas isto pressupõe que só a função de Bion (que talvez represente uma especificação melhor da noção de «posição epistemofílica», de Freud, embora os dois conceitos se complementem) é que transforma conteúdos biológicos em imagens? De modo algum. A função de transformar informação nervosa em imagens é da natureza humana, não advém da função materna, é consolidada por ela e pelas experiências uterinas, naquilo a que chamei função placentária da experiência relacional uterina.

As consequências da má adaptabilidade materna têm mais a ver com a desconstrução do que a construção da função – α serão uma função – α (isto é, uma forma deliroide de organizar uma leitura simbólica sobre a desconstrução que alguém muito significativo promove na nossa função simbólica). A tranquilidade da relação mãe-bebé não advém da capacidade da mãe se adaptar às necessidades do bebé mas da continuidade dos diálogos, muitas vezes filogenéticos, que se passam entre ambos.

Já Diatkine fala de uma «função de antecipação da mãe», a partir de sinais que o bebé emite, ligados a necessidades corporais, sem que lhes atribua significação. Tustin fala duma consciência prematura da alteridade e da separação corporal (ao que Houzel chama "consciência da separabilidade" e que, segundo ele, desencadeia uma angústia de precipitação) poder gerar uma experiência traumática que conduz a um "buraco negro". Ao contrário de Tustin (que falava dos aspectos traumáticos da separação precoce), acho que talvez haja algum equívoco nas suas palavras. Do meu ponto de vista, o bebé tem, desde sempre, consciência da alteridade e, portanto, da sua autonomia. O que faz a diferença, pela negativa, serão os aspectos descontrutivos da autonomia, que o farão ficar preso a uma oscilação entre a tendência humana para a função α e a instabilidade de uma forma deliroide de organizar uma leitura simbólica de desconstrução, que alguém muito significativo promove na sua função simbólica (que se traduz bem na ideia de uma oscilação entre a posição esquizo-paranoide e a posição depressiva de que falava Bion que, adiante, estudaremos mais em pormenor, ou que se manifesta pela ânsia de adesividade e as angústias claustrofóbicas perante a proximidade, características da falha básica, de que falava Balint). Até porque, e em oposição a Houzel, não penso que o bebé só emita sinais ligados a necessidades corporais mas, antes, que comunica de formas digitais e analógicas, codificadas no seu código genético e apuradas com a experiência uterina. Daí que, ao contrário da perspectiva de uma tábua rasa para o desenvolvimento, devamos falar da sabedoria do bebé e, em substituição do conceito de traumatismo, devamos eleger o de liberdade do nascimento.

Em rigor, talvez o inconsciente represente outra designação para o sistema nervoso, e a sua compreensão nos permita devolver a psicanálise, como disciplina clínica, ao convívio crucial com outras disciplinas, abandonando uma atitude mais ou menos marginal para a qual se foi deixando remeter, permitindo um maior enriquecimento conceptual de que resultam procedimentos clínicos mais consistentes.

Como afirma Golse (2000), a propósito de Lebovici:

«O cérebro não é um computador e o Homem não é um robot. A nossa margem de liberdade está ligada à tomada de consciência da nossa história mas também à pesquisa que a verdadeira história de cada sujeito tem de utopia e de ilusão. (...).» Para adiantar que a abordagem psicanalítica nos permite «construir ou reconstruir uma história a partir da qual poderemos esperar reencontrar a nossa coerência e a nossa continuidade».

Bibliografia Essencial

Bateson, G. (1987). *Natureza e espírito*. Lisboa: Publicações Dom Quixote.
Bear, M., Connors, B. e Paradiso, M. (1996). *Neuroscience*. Baltimore: Wlliams & Williams.
Bourguignon, A (1981). Fondements neurobiologiques pour une théorie de la psychopathologie. *Psychiatrie de l'enfant*, XXIV, 2.
Changeaux, J.P.(1985). *O homem neuronal*. Lisboa: Publicações Dom Quixote.
Changeaux, J.P. e Ricouer, P. (1998). *La nature et la règle*. Paris: Etions Odile Jacob.
Damásio, A (1994). *O erro de Descartes*. Lisboa: Publicações Europa-América.
Damásio, A (2000). *Consciência de si*. Lisboa: Publicações Europa-América.
Damásio, A (2003). *Ao Encontro de Espinosa*. Lisboa: Europa-América.
Freud, S. (1995). *Projecto de uma psicologia*. Rio de Janeiro: Imago.
Galatzer-Levy, R. (2006). Possibilidades caóticas: rumo a um novo modelo do desenvolvimento. *Livro Anual de Psicanálise*. São Paulo: Editora Escuta Lda.
Gibello, B. (2001). Les origines de la penseé. *Neuropsychiatrie de l'enfance et de l'adolescence*, 49, 1.
Goleman, D. (2005). *Emoções Destrutivas*. Lisboa: Temas e Debates.
Golse, B. (2001). *Penseé et croissance*. Journal de la psychanalyse de l'enfant. Paris: Bayanal Editions.
Kolb, B. e Whishaw, I. (2001). *Brain and Behavior*. Nova Iorque: Worth Publishers.
Leuzinger-Bohleber, M. e Pfeifer, R. (2002). Remembering a depressive primary object. *International Journal of Psychoanalysis*, 83, 2.

LOMBARDI, R. (2002). Primitive mental states and the body: a personal view of Armando B. Ferrari's concrete original object. *International Journal of Psychoanalysis*, 83, 2.
MASI, F. (2000). The unconscious and psychosis: some considerations on the psychoanalytic theory of psychosis. *International Journal of Psychoanalysis*, 81, 1.
PEREIRA, F. (1999) *Sonhar ainda*. Lisboa: ISPA.
PROCHIANTZ, A (1991). *A construção do cérebro*. Lisboa: Terramar.
SÁ, E. (2001). *Psicologia do feto e do bebé*. Lisboa: Fim de Século.

Outras leituras de síntese

ANDREASEN, N. C. (2003). *Admirável cérebro novo: dominar a doença mental na era do genoma*. Lisboa: Climepsi editores.
DAMÁSIO, A. (1994). *O erro de Descartes*. Lisboa: Publicações Europa-América.
ECCLES, J. (2000). *Cérebro e consciência*. Lisboa: Instituto Piaget.
GAZZANIGA, M. (1995). *O cérebro social*. Lisboa: Instituto Piaget.
HOBSON, J.A. (1996). *O cérebro sonhador*. Lisboa: Instituto Piaget.
JÁUREGUI, J.A.(2001). *Cérebro e emoções*. Lisboa: Dinalivro.
KARLI, P. (1997). *O cérebro e a liberdade*. Lisboa: Instituto Piaget.
KOLB, W. & WHISHAW, I. (2001). An introduction to brain and behavior. New York: Worth Publishers.
LEDOUX, J. (2000). *O cérebro emocional*. Lisboa: Pergaminho.
MACKAY, W. (1999). *Neurofisiologia sem lágrimas*. Lisboa: Fundação Calouste Gulbenkian.
MATOS, C. M. (2003). *Mais amor, menos doença*. Lisboa: Climepsi editores.
MILHEIRO, J. (2001). *Sexualidade e Psicossomática*. Coimbra: Almedina.
SÁ, E. (2000). *Textos com psicanálise*. Lisboa: Fim de Século – edições.
SMITH-CHURCHLAND, P. (1999). *Neurophilosophie*. Paris: PUF.

Do Pensamento à Psicossomática

1.
O adoecer somático

O corpo humano dispõe de uma sabedoria apurada pela evolução, formatada pela filogénese e pelas relações matriciais da gravidez e do primeiro ano de vida e, duma forma mais continuada, por toda a experiência de vida, que o torna capaz de reagir às agressões vindas de fora avisando, ainda, o sujeito quando está a ser agredido por dentro (Milheiro, 2001).

No diálogo entre o inato e o adquirido, o corpo e o pensamento é constante e garantido por um complexo sistema de comunicação. Além de nascermos com uma competência emocional primária (respostas de medo, de fuga ou de raiva, por exemplo), a educação e a socialbilidade vão criando vínculos entre pessoas e emoções. O cérebro possui um conhecimento inato para se regular a si e ao corpo, sendo que estes circuitos neurais inatos não estão clivados na parte do cérebro mais evoluída, associada ao pensamento e à tomada de decisão (Damásio, 2001).

As emoções – como se verá adiante – constituem uma linha de defesa que nos protege no contacto com o mundo exterior, permitindo-nos reagir, através de mudanças corporais, perante sinais com significado filo e ontogenéticos. Não serão, a meu ver, uma «almofada psicoafectiva» como se refere Coimbra de Matos (2003), quando toma o estrangulamento de que são alvo nas doenças psicossomáticas, deixando o corpo desprotegido. Embora, face a situações geradoras de stress crónico, as funções adaptativas dos sistemas neurovegetativo, endócrino e imunitário se vão, progressivamente, desregulando, e conduzam à doença psicossomática.

1.1.
Controle obsessivo das emoções

Estudos na área da psico-neuro-imunologia têm vindo a demonstrar que experiências intensas de stress, o afecto negativo, a depressão clínica e a percepção de apoio social influenciam a resposta imunitária medida em termos de indicadores celulares e humorais (Cohen & Herbert, 1996). Mais do que o acontecimento stressante *per si*, a sua influência potencial no sistema imunitário depende da capacidade de adaptação e de factores relacionados com a personalidade (ibidem). As pessoas com tendência para a repressão de emoções tendem a reagir a estímulos "stressantes" com activação autonómica superior às pessoas que manifestam elevados níveis de ansiedade ou de angústia, sendo os seus efeitos também mais nocivos (Weinberger et al., cit in Cohen & Herbert, 1996). Por outras palavras, quanto maior for o silenciamento emocional que a repressão exige mais as respostas autonómicas parecem ser amplificadas para se fazerem ouvir e, assim, promoverem os sinais de protecção que fazem chegar ao córtex. A este silenciamento emocional chamo, habitualmente, defesas obsessivas (noutros tempos, seriam consideradas "controle anal") e veremos, adiante, qual será a utilidade desde conceito na clínica psicanalítica das doenças psicossomáticas. Se bem que as defesas obsessivas sejam um mecanismo de defesa de quarta linha, como veremos a seguir, a barreira de defesas obsessivas pode organizar a descompensação psicótica.

1.2.
Hipervigilância do sistema nervoso autónomo

Por outro lado, o estado persistente de hiperactividade (ou hipervigilância) do Sistema Nervoso Simpático – que se encontra, muitas vezes, em sujeitos desistentes e incapazes de resolver um acontecimento que actue como fonte de stress – está na base de uma grande variedade de distúrbios psicossomáticos. Se uma pessoa não convive, pelo pensamento hipotético-dedutivo, com as suas emoções – não as interpretando e resolvendo os distúrbios que daí decorrem – a eficácia temporizada da defesa obsessiva e a emergência das próprias emoções torna-se motivo de hipervigilância, gerando stress crónico, provocando consequências orgânicas. É neste sentido que Coimbra de Matos (2003) nos diz que «a incapacidade de fazer a leitura dos afectos e emoções predispõe para o adoecer somático». Aqui estarei de acordo com ele.

1.3.
O doente psicossomático e as emoções

Mas, afinal, o que são doenças psicossomáticas e quais são as características psíquicas que criam condições para que elas ocorram?

Há doenças psicossomáticas específicas, que se distingam do grande grupo das outras, que serão... somatopsíquicas? Não. Todas as doenças desencadeiam sequelas psico(pato)lógicas – angústia, depressão, reacções psicóticas breves, etc. – que, interagindo com os recursos psíquicos da pessoa, potenciam a morbilidade da doença ou mobilizam os recursos de saúde que consolidam a integração psíquica. (Porque não falo de resiliência? Porque muitos movimentos de resiliência, tomados como se fossem estratégias adaptativas bem sucedidas face ao sofrimento, o mais que conseguem é mobilizar recursos defensivos que, em vez de levar à integração, à transformação e à sabedoria, são falso-self e não-integração mental, que mais não fazem do que levar a que quem as mobiliza adoeça.)

1.4.
Psicopatologia somática

Mas, para além do mais, também existem factores biológicos que predispõem uma pessoa para determinadas doenças. A interacção do sofrimento com a estrutura da personalidade pode potenciá-los, sobretudo se o sofrimento em vez de mobilizar as competências para a integração mental, levar a movimentos de encapsulamento relacional e de silenciamento emocional. Em rigor, todas as doenças são somatopsíquicas, se tomarmos em consideração a relação entre uma doença e o impacto psíquico que ela desencadeia. E psicossomáticas, se repararmos no impacto somático que quaisquer fenómenos psíquicos acabam por ter. Sendo assim, como haveremos de chamar às características psicopatológicas que predispõem para quadros somáticos? Psicopatologia somática. Outro conceito que vos desafio a ser pensado mais adiante,

1.5.
Os sintomas do adoecer psicossomático

Voltarei, se me permitem, ao conceito tradicional de psicossomática, em lugar de psicopatologia somática, porque gostaria de regressar a uma breve resenha de considerações que nos ajudarão a pensar as relações corpo/pensamento.

Empiricamente, com base na avaliação clínica, ao falar-se de doenças psicossomáticas foi-se tomando em consideração um conjunto significativo de quadros clínicos – das mais diversas especialidades médicas – que pareciam organizar-se na convergência de factores predisponentes, de factores precipitantes e de algumas características da personalidade e que, pela sua constância, permitiam ponderar, seriamente, a sua preponderância na organização do quadro clínico. Se, por exemplo, alguns tipos de patologia cardio-vascular não mereciam dúvidas quanto à importância dos componentes psíquicos, nas doenças auto-imunes, nas doenças degenerativas ou, até, na oncologia, a etiologia desconhecida não abria muito espaço para se questionar o papel e, até, a preponderância dos factores psíquicos para a sua organização.

Em relação aos quadros clínicos, se me derem licença, reservaria a última parte deste trabalho. Por agora, recorrendo a alguns autores clássicos, irei tentar reflectir acerca das características psíquicas que parecem predispor para a doença psicossomática.

Sifneos (cit. in Fernandes & Tomé, 2001), a partir da sua experiência com doentes psicossomáticos, introduziu o conceito de alexitimia para descrever a dificuldade que este tipo de pessoas teria em «diferenciar sentimentos e em expressá-los por palavras». Em rigor, talvez a essa dificuldade possamos chamar iliteracia emocional, relevando o modo como ela verá a porta de entrada da alexitimia.

O sujeito com alexitimia tende a não conviver com a racionalidade das suas emoções (que são um sinal protector do sistema nervoso) e a preocupar-se mais com os aspectos concretos dos acontecimentos da sua vida, em detrimento do seu significado intrínseco (Weiner, 2003).

Características da alexitimia (Sifneos):

- Incapacidade em identificar e descrever sentimentos;
- Incapacidade em diferenciar sentimentos de sensações corporais;
- Dificuldade em distinguir entre diferentes géneros de afectos;
- Possibilidade de ocorrência de breves, mas violentas, explosões do comportamento afectivo, sem que o sujeito mostre conhecer ou possa explicar o sentimento envolvido;
- Escassez ou ausência de fantasias e preocupação com os acontecimentos externos, mais do que as experiências internas;
- Apresentação de modos rígidos e formais de relação.

Quadro 1 – Características da alexitimia (cit in. Fernandes & Tomé, 2001)

Tendo por base uma leitura psicodinâmica, Sifneos (cit in Cardoso, 1995) entende a alexitimia como uma defesa psicológica contra afectos (potencialmente, dolorosos). Por outras palavras, empobrecer os recursos emocionais e as suas contrapartidas em imaginário seria a consequência de um sofrimento cumulativo ao qual tentariam fazer frente. Noção que, como veremos adiante, será estreita, demasiado descritiva e pouco clínica (como, aliás, a maioria das que lançaram o pensamento psicossomático). Mas tem o mérito de propor uma abordagem descritiva de um conjunto de características que contribuiram para a configuração e caracterização da patologia psicossomática.

Voltando a Sifneos, e ainda no mesmo registo descritivo, são apontadas outras causas para a alexitimia – desenvolvimentais e neurofisiológicas – dando conta, respectivamente, de uma lacuna precoce na aprendizagem da ligação entre as emoções e as palavras com elas relacionadas, e de uma falha na conexão entre o sistema límbico e o neocórtex.

Os autores da escola psicossomática de Paris, por seu lado, descrevem um tipo de personalidade específico, associado às perturbações psicossomáticas, onde a vida psíquica surge dominada por uma ligação predominante ao concreto, com um abafamento consequente da vida fantasmática e onírica, e da subjectividade (Cardoso, 1995). Marty, através da conceptualização do "pensamento operatório", descreve a situação de "falência no processo comunicativo interno", entre consciente e inconsciente, desencadeado por uma falha no funcionamento pré-consciente, instância responsável pela ligação entre afecto e representação (Matos, 2005). Alexitimia e pensamento operatório, como se repara, acabam por representar sinónimos que se equivalem, se bem que o segundo proponha um trajecto que introduziria uma falência no léxico emocional reconhecido pelos diversos modelos.

Já Sami-Ali (2001), tentando ir mais longe, considera que não existe uma carência real do funcionamento onírico, acrescentando um novo parâmetro na compreensão da doença psicossomática: o recalcamento da função do imaginário na situação de impasse. Para este autor, o imaginário tem uma função essencial na relação entre o corpo e o pensamento. Quanto mais o imaginário é expressivo mais esta relação estará desobstruída. Mas uma situação conflitual insolúvel pode conduzir ao recalcamento inconsciente do imaginário, à supressão da subjectividade da vida mental do sujeito e ao consequente predomínio do banal sobre toda a subjectividade do sujeito.

O que Sami-Ali traz de novo é, sobretudo, a noção de episódio traumático, anterior à inibição do imaginário que, por seu lado, desencadearia, com muito maior probabilidade, a doença psicossomática.

Outros autores, na vizinhança do que refere Sami-Ali, valorizam a psicopatologia subjacente ao adoecer psicossomático. Podendo parecer uma proposta quase... banal, ela permite discussões clínicas interessantes. O aspecto mais relevante – e, na minha opinião, o mais criticável – das escolas de psicossomática é o mérito de formularem um modelo que se empobrece quando o tentam desenvolver à margem de uma compreensão psicopatológica. Ao contrário desse propósito, as noções de "depressão falhada" (Coimbra de Matos) ou de "depressão essencial" (Marty) trazem contributos importantes para a compreensão do adoecer psicossomático. Seriam elas quem precipitaria a doença ou, pelo contrário, seriam uma consequência da sua cronicidade?

Ao contrário da depressão clássica, a depressão essencial (Marty, 1990) é, se se tomarem como referência os sintomas clássicos de depressão, um estado – transitório ou durável – sem expressão no plano mental. Estando na base de qualquer doença psicossomática, afectaria as funções biológicas, numa amplitude variável em cada indivíduo, consoante os seus acontecimentos de vida e a sua vulnerabilidade. Neste contexto – e, normalmente, perante uma situação que ultrapassa a sua capacidade de *coping* – o sujeito (mais vulnerável) regrediria a formas de funcionamento pré-genital, reagindo pela resposta psicossomática.

Já a depressão falhada supõe um quadro onde não é possível, por falta de ressonância afectiva, sentir a carência de afecto e a perda que, antes, se repercutem directamente no organismo biológico (Matos, 2003). (Porquê? – haveremos de perguntar mais adiante.) Esta depressão organiza-se antes de uma representação unificada do objecto de vinculação e surge devido a uma perda precoce na díade, por má responsividade do objecto. A falha no investimento precoce, por parte dos pais, vem interromper o crescimento mental e, onde deveria nascer o sonho e a criatividade, instala-se a desistência para a vida, revestida de um pragmatismo que revela um desligamento afectivo (Matos, 2003). A depressão falhada seria, no meu entendimento, consequência de experiências abandónicas. Mas, sendo assim:

– será viável imaginar um estádio de desenvolvimento anterior a uma representação objectal total? Isto é: uma experiência abandónica não introduzirá sempre uma clivagem na representação, que representa uma defesa contra a ambivalência?

– não existindo trabalho de luto e, sobretudo, reparação (excepção feita aos quadros melancólicos, que estudaremos a seguir) toda a depressão não será... falhada?

Para Marty e para Coimbra de Matos a depressão parece ser o quadro psicopatológico subjacente ao colorido sintomático da patologia psicossomática. Coimbra de Matos propõe uma compreensão etiopatogénica da patologia psicossomática mas, a meu ver, talvez possamos tentar ir mais longe na pesquisa da etiologia destes quadros. Do meu ponto de vista deveremos falar de depressão fria e de psicose fria (aqui, retomando Green) suscitando a atenção para aquilo que desbloqueia o quadro psicossomático não será a depressão ou a psicose mas a forma contida que uma pessoa tem de as viver.

2.
Das emoções ao inconsciente

Chegados aqui proponho-vos que paremos um pouco, como se regressássemos a uma introdução. Que ganhos pode o modelo psicanalítico trazer à doença psicossomática? O modelo psicossomático corre o risco – a exemplo dos modelos da vinculação, do sistémico, do rogeriano, ou da psicologia do self, por exemplo – de apresentar propostas interessantes para os formandos que se iniciam nestas temáticas, uma vez que, num perímetro de conceitos relativamente delimitado, obtêm grelhas de leitura que tornam os fenómenos mentais mais compreensíveis. Todavia, todos eles acabam por propor redes minimalistas de raciocínios, delineadas em reacção ao modelo psicanalítico (que, depois dos estudos de Freud – e excepção feita a alguns contributos soltos – talvez não tenham aproveitado o rigor científico que caracterizou a capacidade de síntese, de integração, e de sistematização do criador da psicanálise).

Tomemos a psicanálise como um modelo de síntese científica para a compreensão da vida mental... Que méritos acrescentou a psicossomática à psicanálise? Qual pode ser a mais-valia da psicanálise para a psicossomática?

À luz do sistema nervoso, é impossível manter a imagem cartesiana do soma separado da psique. Corpo e mente comunicam por meio de circuitos bioquímicos (através da corrente sanguínea, que transporta hormonas, neurotransmissores[1] e neuromoduladores) e neurais (garantidos pelo Sistema Nervoso Periférico) (Sá, 2003). Nesta interacção as emoções são os mediadores fundamentais que estabelecem a ponte entre o corpo e o psiquismo, e entre os comportamentos externos e outras repostas internas: as imagens visuais, auditivas e somatossensoriais, que estão na base do pensamento e da memória (Damásio, 2001).

As emoções são, em rigor, o primeiro mecanismo de defesa do corpo e da mente (o segundo, como adiante se verá, é o sistema nervoso autónomo) e, ora em resultado do património filogenético (contido no genoma), ora condensando a experiência vivida em esquemas mentais (que, reflexamente, desbloqueiam respostas adaptativas), funcionam como área privilegiada na comunicação do corpo com a mente. Perante a avaliação de sinais específicos, conduzem a mudanças fisiológicas e desbloqueiam comportamentos. Mas será que os desbloqueiam sempre... para fora? Nem sempre. A educação ou as experiências de vida podem funcionar como condicionamento desse diálogo corpo/mente, mediado pelas emoções. (Aliás, aquilo que, empiricamente, é considerado «boa educação» representa o favorecimento da contenção emocional com tudo o que o bloqueio dessa linguagem tem de paradoxal). De facto, é como se as emoções, como linguagem protectora, e em função desse condicionamento, fossem ignoradas ou tomadas como estranhas, introduzindo-se – de início – uma clivagem e, depois, uma fractura entre a linguagem do corpo e a linguagem que a mente tolera sem censura. Em função dessa dissociação de linguagens, e perante uma situação conflitual, o sujeito não é capaz de expressar, ler, legendar e elaborar simbolica-

---

[1] Veja-se o exemplo da serotonina. A serotonina desempenha uma função essencial no humor alegre ou depressivo. «Em quantidade suficiente, favorece a transmissão sináptica e estimula os desejos, o uso de funções cognitivas e a vivacidade das aprendizagens. Pode modificar o apetite, regular os estados do sono lento e aumentar as secreções neuroendócrinas» (Cyrlunik, 2006). Os pequenos transportadores da serotonina «(...) têm a tendência genética a deprimir-se por qualquer coisa» (ibid.) e, em caso de perdas afectivas, «(...) as crianças com baixos níveis de serotonina reagem dolorosamente» (ibid.).

mente as suas emoções, deixando – progressivamente – de responder aos sinais do corpo (a que alguns autores chamam alexitimia – evidenciando a pobreza simbólica que resulta da dissociação de linguagens – depressão branca ou depressão essencial – se se privilegiarem as manifestações macroscópicas que resultam dela – ou recalcamento caracterial, quando se releva o processo psíquico pelo qual ambas as linguagens são separadas). De início, as duas linguagens coexistem, separadas. Perdurando esse divórcio de linguagens, a linguagem das emoções perde exuberância e torna-se, progressivamente, mais inexpressiva. Em quaisquer circunstâncias, quando esta dissociação perdura fica-se predisposto para o adoecer psicossomático.

2.1.
O inconsciente da biologia

Que relações podem encontrar-se entre estas linguagens e o inconsciente, tal como é formulado pela psicanálise? Imensas. Na realidade, a noção de inconsciente representou, para o próprio Freud, o recurso a um modelo dedutivo que, emergindo da sua experiência clínica, lhe permitia configurar o resultado daquela dissociação de linguagens, avolumada e enviesada com a experiência. Mas, em rigor, inconsciente é sensibilidade, intuição e memória. Sensibilidade como condensação da sensorialidade com as emoções. Intuição como "topo de gama", espontâneo, do funcionamento mental (que, estando o trânsito entre o corpo e a mente desobstruído, representa a etapa que se segue à sensibilidade). E memória que orquestra quer as respostas mais espontâneas quer os comportamentos mais elaborados, e representa um registo cognitivo – permanente – de todos os processos biológicos e mentais. Por outras palavras, o inconsciente, quando trazemos a psicofisiologia para a psicologia, ao contrário do que se foi tomado (quando foi tomado como fragmentos animais e arcaicos, dispersos nas diversas manifestações psíquicas, que precisariam de ser censurados e adequados ao princípio da realidade) representa o nível mais evoluído da natureza humana. Sensibilidade, intuição e memória condensam a complexidade e a simplicidade dos sistemas mais evoluídos, e tornam-nos, a todos, mais exequíveis e mais fáceis. Por outro lado, chamar-lhe inconsciente tem, unicamente, um valor histórico e enfático. Sensibilidade, intuição e memória são consciência (aliás, como todos os processos psicofisiológicos). Pela dissociação de linguagens que atrás se aduziu, nem sempre acedem à racionalidade. Daí que, de certa forma, ganhe mais sentido o conceito de «dupla consciência» que, em 1895, Freud e Breuer faziam equivaler ao de inconsciente. Em rigor, a biologia nervosa e a racionalidade representam níveis de consciência que, por vezes, não se compatibilizam um no outro. Regra geral, a biologia nervosa – sempre que essa dissociação de linguagens sedimenta – representa um nível de consciência mais evoluído que a racionalidade.

Depois dos contributos de Changeaux, nas suas mais diversas obras, tornou-se claro que a linguagem do sistema nervoso são as imagens. Pensar é recriar e recombinar imagens. Sendo assim, perde consistência a noção de alexitimia e ganha credibilidade a ideia de Sami-Ali, segundo a qual, na psicossomática não estamos diante de uma ausência mas, quando muito, de uma inibição do imaginário, a que ele chamou recalcamento caracterial. Ao contrário do que Bion imaginava, estas imagens (ou elementos α como lhes chamava) não resultam de uma elaboração simbólica, mas é uma competência espontanea do cérebro para produzir imagens, espontaneamente, e para as recombinar, continuadamente (não muito distinta da ideia de inconsciente, em Freud). Mas, enquanto o inconsciente em Freud representaria um reservatório de informações filogenéticas (onde se enquadram instintos, emoções e, em parte, a fantasia), o sistema nervoso – depois de Changeaux, de Damásio e de tantos mais neurocientistas – é um inconsciente cognoscente. (Recordo: a nossa capacidade para pensar não depende da forma como manuseamos a racionalidade. A competência para pensar passa-se, em grande parte, aquém da racionalidade. Portanto, se vos dizia que sob a designação de inconsciente poderíamos englobar todos os fenómenos que não seriam racionalidade, então, a competência para pensar será, em grande parte... inconsciente).

3.
As emoções

As emoções são as palavras do corpo. São a primeira linha de mecanismos de defesa. A sua tradução neuropsicológica é a imaginação. Se as reprimimos ou bloqueamos, sistemática e compulsivamente, quais podem ser os danos?

Emoção deriva do étimo latino *emovere*, algo que coloca a mente em movimento, desencadeando uma acção perniciosa, neutra ou positiva (Goleman, 2005). O que distingue emoção e humor? Uma emoção é uma reacção psicofisiológica rápida, que se desencadeia numa fracção de segundo, não durando mais do que breves minutos. As emoções não assentam numa área única do cérebro. Envolvem uma orquestração de actividade de circuitos que percorrem todo o cérebro, em especial, o lobo frontal. O humor durará de algumas horas a alguns dias. Os humores são produzidos por alterações internas que não estão relacionadas com aquilo que nos está a acontecer no exterior. O humor pode intensificar as emoções.

De acordo com Damásio (2003) «todos os organismos vivos, desde a humilde amiba até ao ser humano, nascem com dispositivos que solucionam automaticamente, sem qualquer raciocínio prévio, os problemas básicos da vida» que se repartem por:

– encontrar fontes de energia;
– incorporar e transformar energia;
– manter, no interior do organismo, um equilíbrio químico compatível com a vida;
– substituir os sub-sistemas que envelhecem e morrem de forma a manter a estrura do organismo;
– defender o organismo de processos de doença e de lesão física.

As paramécias exibem reacções emocionais. Este organismo detecta sinais de perigo: variações de temperatura, vibrações e contacto. Se as paramécias têm um neurónio e manifestam respostas emocionais, as minhocas – que têm 302 neurónios e 5000 conexões interneuronais – e a abelha (que dispõe de 95 000 neurónios) manifestam comportamentos mais complexos. Ainda assim, como poderemos compreender a fisiologia das emoções e que preponderância terão elas no desenvolvimento psíquico?

Damásio (2001) descreve as emoções como representações neurais (imagens perceptivas, evocadas a partir do passado e de planos para o futuro). As imagens são «o principal conteúdo do nosso conhecimento» e incluem tanto o conhecimento inato como o conhecimento adquirido – diz ele – e «são guardadas em estados de dormência» e em suspenso, sob a forma de «representações disposicionais», que existem como padrões potenciais de actividade neuronal, em pequenos grupos de neurónios a que chama «zonas de convergência», situados nos córtices de associação, nos gânglios da base e nas estruturas límbicas. As imagens serão, ainda segundo Damásio (ibid.), tentativas de réplica. São construções imprecisas ou incompletas, sob a forma de padrões neurais disposicionais. Estes padrões não guardam uma imagem *per si* mas *um meio para reconstruir um esboço dessa imagem*, o que o leva a afirmar que «se o cérebro humano fosse uma biblioteca tradicional, esgotaríamos as nossas prateleiras» (ibid.). Ou, noutro contexto, com mais ênfase, a dizer que: «o cérebro não arquiva fotografias Polaroid» (ibid.). A memória será, segundo ele, essencialmente reconstrutiva: «uma recordação pressupõe que não se obtenha uma reprodução exacta mas uma interpretação» (ibid.).

Emoção e sentimento fazem parte integrante da regulação biológica constituída por controles homeostáticos, impulsos e instintos. Até porque o cérebro e o corpo se encontram indissociavelmente ligados pelos nervos motores e sensoriais (do SNP) e pela corrente sanguínea (que transporta hormonas, neurotransmissores e neuromoduladores). O cérebro actua no corpo através dos nervos, do SNA, e do sistema nervoso músculo-esquelético.

Para Damásio (op. cit.) poderemos distinguir emoções primárias de emoções secundárias. Emoções primárias seriam pré-organizadas, em função de tamanhos, sons ou movimentos, e representariam reacções comandadas pela amígdala, que desbloqueia respostas inatas (musculares, de neurotransmissores e do hipotálamo). As emoções secundárias seriam constituídas por imagens mentais – as redes do cortex pré-frontal reagiriam automaticamente (e seriam traduzidas em mudanças viscerais, musculo-esqueléticas e endócrinas, alterações do sistema imunitário e dos músculos lisos). As respostas resultariam em representações disposicionais adquiridas que desencadeariam um estado emocional do corpo, baseado em marcadores somáticos, organizado por um self neural (estado biológico permanentemente reconstruído a partir de acontecimentos-chave).

Já em 2003 Damásio afirmava que se podem distinguir três tipos de emoções:

– Emoções de fundo: põem em marcha algumas combinações de reacções regulatórias simples;

– Emoções primárias: medo, zanga, nojo, surpresa, tristeza, felicidade;

– Emoções sociais: simpatia, compaixão, embaraço, vergonha, culpa, orgulho, ciúme, inveja, gratidão, admiração, espanto, indignação e desprezo.

Paul Ekman, por seu lado, afirma que uma *emoção de base* (que corresponderia ao que Damásio chama emoção primária) deve exprimir-se por mudanças psicofisiológicas próprias, sendo associadas a acontecimentos desencadeadores universais, que aparecem espontaneamente, de forma rápida e durando pouco, sendo avaliadas, automaticamente, através de imagens, pensamentos ou sensações específicas, e está presente noutros primatas para além do Homem. Ekman refere que um pensamento está sempre ligado a uma emoção, pelo que uma emoção emite um sinal, uma vez que o músculo em torno do olho não obedece à vontade. Para ele, há 10 emoções básicas (10 famílias de emoções): ira, medo, tristeza, repugnância, desprezo, surpresa, satisfação, embaraço, culpa e vergonha.

Já para Owen (cit. in Goleman, 2005), as emoções básicas, seriam: ira, desprezo, indignação, medo, felicidade, tristeza, amor, amizade, clemência, gratidão, arrependimento (ou remorso), vergonha e culpa.

Se elaborarmos uma síntese destes comportamentos, que tomei como os primeiros mecanismos de defesa do psiquismo (e, adiante, voltarei a retomar), reparamos que só o *medo*, a *ira* (que associei à zanga, referida por Damásio), a *tristeza* e a *felicidade* (que tomei como sinónimo de satisfação, em Ekman) serão comuns aos diversos autores. Nojo, surpresa, desprezo, culpa e vergonha já não merecem a mesma unanimidade, embora pareçam poder agrupar-se nesta síntese de 9 emoções básicas da natureza humana.

Em quaisquer circunstâncias, a função das emoções passa pela organização da homeostasia dos diversos sub-sistemas, e por «(...) incorporar o simples dentro do complexo» (Damásio, 2003). Ainda segundo Damásio (ibid.), podemos distinguir três ramos da homeostasia:

- Ramo mais baixo: regulação metabólica, reflexos básicos, respostas imunitárias («O processo neural e o processo imunitário têm uma certa parecença formal. No caso da emoção, o antigénio é apresentado através do sistema nervoso, e o anticorpo é a resposta emocional» – Damásio, 2003);

- Ramo médio: comportamentos de dor e de prazer, pulsões e motivações;

- Ramo superior: sentimentos e emoções.

3.1.
Das emoções ao medo

A facilidade em reconhecer expressões momentâneas assinala uma capacidade invulgar para a empatia. «Tais expressões de emoção, chamadas microexpressões, decorrem fora do campo da consciência (...)» (Goleman, 2005). Com um processo de imaginação puro, um processo de imaginação mental, «a componente do tronco cerebral, que está dentro dos primeiros quarenta milésimos de segundo, não surge. Acontece tudo apenas no cortex (...). Mas quando estamos realmente a olhar para uma imagem, os pormenores sensitivos activam o tronco cerebral» (Goleman, 2005).

Já o reflexo de susto «(...) envolve uma cascata de espasmos musculares muito rápidos em resposta a um som alto e surpreendente ou a uma visão súbita e destoante. (...) Os mesmos cinco músculos faciais contraem-se instantaneamente durante um susto, particularmente em torno dos olhos. O reflexo de susto começa dois décimos de segundo após se ouvir um som e termina cerca de meio segundo depois do som terminar» (Goleman, 2005). O susto reflecte a actividade do tronco cerebral. A actividade eléctrica no cortex motor «(...) começa cerca de um quarto de segundo antes de a pessoa se aperceber da sua intenção de mover um dedo (...)» (Goleman, 2005), de onde se prova um nível de consciência a funcionar de forma independente de um outro mais elaborado.

Depois de apresentada uma imagem, «durante os primeiros 180 milésimos de segundo, quando o padrão a preto e branco é apresentado, a mente da pessoa começa a entrar em acção. O acto de reconhecer tem lugar entre 180 a 360 milésimos de segundo, após a apresentação inicial. Isto é, no final do primeiro terço de segundo. O cérebro da pessoa regressa a um acto de descanso depois do acto de reconhecimento durante o próximo sexto de segundo. O movimento ocorre durante o seguinte sexto de segundo» (Goleman, 2005). Durante os primeiros setenta a cem milésimos de segundo, as pessoas reagem de uma forma muito semelhante. «(...)As diferenças entre os indíviduos em termos da actividade cerebral começam a emergir depois de cem milésimos de segundo» (ibid.).

Já segundo Joseph Le Doux existem três fases num episódio de condicionamento pelo medo. A primeira, corresponde à aquisição do medo, através da associação entre um objecto neutro e um objecto angustiante, transformando-se o objecto neutro num estímulo condicionado. Uma segunda fase, de consolidação, podendo durar vários anos, durante a qual a recordação do que se passou (isto é, do condicionamento) se esbate ou se reforça em função dos contextos de vida. A terceira, de reconsolidação, onde a recordação ou se acentua ou se fragiliza.

3.2.
Emoções e agressividade

As emoções não existem dissociadas do SNA que, em relação ao sistema nervoso, representam a primeira linha de defesa do corpo e da mente. O SNA e as emoções representam níveis de defesa sub-corticais. O resultado da reacção de alarme simpático é o stress que, por isso, representa uma reacção adaptativa imuno-estimulante. A par do stress, e por acção da amígdala, dispara (como se fosse o disjuntor de um quadro eléctrico) uma resposta, reflexa, de raiva ou de ira, que prepara o organismo para quaisquer agressões e mobiliza respostas de ataque ou de fuga. Por outras palavras, deste ponto de vista, e banalizando o discurso, o stress faz bem à saúde, e a agressividade subsequente representa uma resposta adaptativa: é saudável e é directamente proporcional à dor e ao sofrimento. À cascata de emoções, que decorrem daí, cuja emoção nuclear é o medo – que condensa componentes nervosos, motores e mentais – podemos chamar ansiedade ou, tomando em referência o vocabulário psicodinâmico, angústia.

Sempre que o corpo permanece num estado de tensão constante (por acção da parte simpática do sistema nervoso autónomo), o stress passa de imuno-estimulante a imuno-supressor, instalando-se a fractura de linguagens e de níveis de consciência anteriormente referidos, podendo provocar alterações nos tecidos e conduzir a uma doença orgânica irreversível. O mesmo efeito nocivo encontra-se quando há predominância da actividade parassimpática, do SNA, que se encontra em sujeitos submissos, que fazem depender, excessivamente, as suas atitudes dos desígnios dos outros (Alexander, 1970). Sistematizando um pouco melhor: «quando ocorre um evento que provoca uma situação de tensão, a maioria das pessoas liberta cortisona, mas as pessoas que recuperam rapidamente, em geral, têm níveis mais baixos de cortisona, no ponto básico. Sabemos que, quando a cortisona está presente em níveis altos durante um longo período de tempo, poderá matar células no hipocampo[2]. (...) As pessoas que

---

[2] Tanto na depressão como na desordem de stress pós-traumático, por exemplo, descobriu-se que o hipocampo tem uma diminuição efectiva em termos de tamanho» (Goleman, D. 2005), com diminuição da sua função.

Os lobos frontais, a amígdala e o hipocampo modificam-se em resposta à experiência (Goleman, D. 2005). «A amígdala desempenha um papel fulcral nos circuitos eléctricos que activam a emoção, enquanto o cortex pré-frontal fica encarregue de grande parte da regulação» (Goleman, D. 2005). Os lobos frontais, a amígdala e o hipocampo estão todos, extensivamente, ligados com o corpo, em particular com o sistema imunitário, o sistema endócrino e o sistema nervoso autónomo» (Goleman, D. 2005).

recuperam rapidamente também demonstram níveis melhores de imunidade (...) têm níveis mais elevados de actividade nas células naturalmente citotóxicas, uma defesa primária que o sistema imunitário usa para combater muitas espécies de antigénios estranhos (...) desde células cancerígenas a uma simples constipação» (Goleman, 2005).

Em resumo, tentando ligar os vários contributos, será possível conceber, subjacente aos quadros psicossomáticos, um colorido depressivo (matizado pela inibição significativa de respostas agressivas) que, à medida que são inibidas, se transformam em violência contida. A "defesa obsessiva" (que se ergue contra a livre expressão das emoções) leva a um alerta permanente, sem resolução nem alívio, criando condições para verdadeiros acidentes somáticos, por resposta do corpo a uma sobredosagem de emoções "corporizadas" (e não mentalizadas, sem contrapartida psíquica).

Por outras palavras, violência é toda a expressão agressiva que, não encontrando espaço relacional para se expressar e metabolizar numa função simbólica e sublimar em gestos empreendedores, se organiza, em primeiro lugar, em fantasias retaliatórias de vingança ou de humilhação para, depois, dominar toda a vida mental, como um vulto persecutório, a ponto de gerar uma iminência incontinente. Se se perde o controle, age-se a violência, num impulso, de forma psicopática, mortificando, pela loucura, a vida mental. Se o sucesso do controle omnipotente das emoções, pautado pelo risco desse temor incontinente, é levado ao extremo, leva à mortificação da vida mental, traduzindo-se pela desvitalização do imaginário, a que alguns chamam alexitimia e, outros, pensamento operatório.

3.3.
Emoções Negativas

Se perspectivarmos a interacção que as emoções desencadeiam no psiquismo, poderemos afirmar que *crucial será, pois, libertar as emoções no momento em que surgem na nossa mente*. «A última forma, que também é a mais arriscada, consiste não em neutralizar as emoções ou em olhar para a sua natureza vazia, mas em transformá--las, em usá-las como catalizadores para rapidamente nos libertarmos das suas influências» (Goleman, 2005).

Neste contexto, o que serão emoções negativas?

A reacção animal perante as manifestações relacionais dos outros é incontornável em todos nós. «A simples detecção de um rosto com medo é suficiente para activar a amígdala. A amígdala[3] é importante tanto na detecção de sinais de medo como na geração do próprio medo (Goleman, 2005). Do mesmo modo, «quando alguém é provocado por imagens ameaçadoras, aquelas que regressam ao estado-base rapidamente são os que têm menos activação na amígdala e cuja activação é mais curta em termos de duração» (ibid.).

As emoções negativas serão algo que impede a mente de apurar a realidade tal como ela é. Com uma emoção destrutiva haverá sempre um hiato entre aquilo que as coisas parecem ser e aquilo que elas são.

---

[3] A amígdala não é a única formação neuroanatómica implicada no medo. Ela trata de todas as emoções, do medo à alegria, passando pela cólera. A amígdala é o centro do tratamento das emoções e a sede da memória inconsciente ou implícita, enquanto o hipocampo está envolvido na memória explícita (Science et vie, hors-série n° 232, Septembre 2005). No entanto, a simples detecção de um rosto com medo é suficiente para activar a amígdala. A amígdala é importante tanto na detecção de sinais de medo como na geração do próprio medo»

«A amígdala está, particularmente, activa durante a experiência de emoções negativas, como o medo; e o hipocampo, ajusta as emoções ao seu contexto» (Goleman, 2005).

A amígdala é uma interface importante entre estímulos visuais e auditivos competentes e o desencadear das emoções, especialmente, embora não exclusivamente, do medo e da zanga. Os neurónios da zona pré-frontal ventromediana, começam a reagir *120 milissegundos* depois da apresentação do estímulo. «Algumas das regiões do cérebro hoje identificadas como desencadeadoras de emoção incluem a amígdala, situada nas profundezas do lobo temporal; uma parte do lobo frontal a que chamamos cortex pré-frontal ventromediano; e uma outra região frontal no cortex do cíngulo e na área motora suplementar» (Damásio, 2003). «Quanto mais forte é a activação na área frontal esquerda, tanto mais existem certas emoções positivas, tais como o vigor, o zelo e a persistência» (Goleman, 2005).

«Alguém propenso à raiva patológica pode ser incapaz de antecipar as consequências negativas da expressão extrema da ira. (...) Existe um estudo muito recente que mostra a atrofia ou encolhimento grave da amígdala em pessoas com um historial de agressividade muito grave. Pensa-se que a amígdala é necessária para antecipar consequências negativas e as pessoas que são susceptíveis de sofrerem extremos de raiva são incapazes de prever as consequências que a raiva terá» (Goleman, 2005).

Por outras palavras, sempre que uma emoção se sente e se guarda é negativa porque, no fundo, ela não cumpre a finalidade essencial para que serve. Sendo assim, sejam emoções que apelem à vinculação sejam emoções agressivas, todas as emoções que não se manifestam são negativas, não só porque não cumprem as funções sinalizadora e comunicativa para que servem como acabam por desencadear, secundariamente, uma reacção paradoxal do sistema nervoso que, desse modo, interpreta como, potencialmente, ameaçadoras as informações que, originariamente, seriam protectoras, iniciando-se assim a confusão de linguagens que encaminha uma pessoa até à psicose fria. A repressão de emoções (como condição pré-mórbida) predispõe o sujeito para respostas emocionais mal-adaptadas: sintomas depressivos, fadiga, atitude de fatalismo e de desamparo, stress pós-traumático. Quando o sujeito se desliga das suas emoções, encontra-se mais vulnerável à doença – que se instala na sequência de um vazio mental e da pobreza imaginária – mas também torna-se inapto para lidar com o sofrimento inerente ao choque de um diagnóstico. Já a alegria traduz estados de equilíbrio para o organismo: traduz «uma coordenação fisiológica óptima e um fluir desimpedido das operações de vida» (Damásio, 2003). Espinosa afirmava que a alegria estava associada a uma transição do organismo para um estado de maior perfeição. Por sua vez, os mapas psicofisiológicos da mágoa estariam associados a estados de desequilíbrio funcional.

Considerando os fenómenos depressivos na história dos doentes oncológicos, por exemplo, vemos muitas vezes como se desenha uma personalidade que se situa "aquém da depressão", como um traço latente (Matos, 2003) resultante de um bloqueamento afectivo. *Quando a "depressividade" (que resulta de violência contida) se estabelece como uma constante de vida (a ponto de inibir o imaginário e o sonho) inicia-se uma* **metastização da vida mental** *que, não se traduzindo numa psicose franca, corporiza o mal mental no mal corporal sendo este precipitado, de forma franca,* por um acontecimento externo que torna explícito aquilo que, entretanto, havia estado predisponente. Não existe uma relação linear entre acontecimento de vida adverso e acontecimento somático. O funcionamento psíquico do sujeito, como vimos, constitui o elemento mediador no efeito dos eventos externos. O evento em si não pode levar à descompensação psicossomática, mas deixa a descoberto a incapacidade na sua elaboração mental. É assim que, muitas vezes, o acontecimento externo é a "última gota" de água num copo cheio de emoções por metabolizar.

A depressão, medida através de testes clássicos, não abarca o fenómeno desta "depressividade" nem da "depressão essencial", que se caracteriza, essencialmente, por ter um colorido sintomático menos exuberante que a depressão "clássica", e sem expressão, para além da atmosfera de vazio, no plano mental. Talvez por esta razão, muitos dos estudos que se baseavam na medição dum episódio depressivo *major* não encontraram dados que validassem a correlação entre o desenvolvimento de cancro e a depressão.

3.4.
Os Sentimentos

Falarmos de duas consciências não supõe a prevalência de uma sobre a outra. Isso supunha Freud e tantos outros, depois dele. A consciência como um «aparelho perceptivo para a percepção das qualidades psíquicas» pressupõe uma consciência sem memória. (Uma experiência de sabedoria isolada do afecto. Sendo que o sentimento é aquilo que une a alma e o corpo, como diz Pascal, que prevalece). Uma consciência subjacente a outra pressupõe o primado de uma sobre a outra. Ora, o que está em questão são duas consciências em paridade. Inconsciente é memória. A consciência é, portanto, sempre um todo. O que a torna lacunar é o isolamento do afecto. Em resumo, a consciência alargada não produz uma consciência de si mas um sentimento de existência (Clement, 2004).

Os sentimentos serão as experiências mentais das emoções. «(...) Temos sentimentos primeiro e sentimentos depois porque, na evolução biológica, as emoções vieram primeiro e os sentimentos depois» (Damásio, 2003). As emoções «desenrolam-se no teatro do corpo. Os sentimentos desenrolam-se no teatro da mente» (Damásio, 2003). Embora, como refere noutro contexto, «todas as emoções originam sentimentos, mas nem todos os sentimentos provêm de emoções» (Damásio, 2001).

Para Damásio, «os sentimentos são percepções interactivas», cujos conteúdos são estados do corpo retratados nos mapas cerebrais do corpo e estão também ligados ao objecto emocionalmente competente que deu início à cadeia emoção-sentimento: «um sentimento é uma percepção de um certo estado do corpo, acompanhado pela percepção de certos temas e pela percepção de um certo modo de pensar» (Damásio, 2003). Neste contexto, os sentimentos serão «(...) percepções, e aquilo que proponho é que o apoio fundamental dessas percepções diz respeito aos mapas cerebrais do estado do corpo» (Damásio, 2003).

Os sentimentos, segundo Damásio, seriam:

– sentimentos de emoções universais e básicas (felicidade, cólera, tristeza, medo e nojo que resultam da justaposição de imagens);
– sentimentos de emoções universais e subtis (euforia, êxtase, ansiedade, melancolia, remorso, vergonha);
– sentimentos de fundo (estados do corpo que acontecem entre emoções).

Já para outros autores, estar em *simpatia* é partilhar sentimentos. A empatia implica, uma resposta afectiva (positiva ou não) desbloqueada pelo estado mental do outro, e o reconhecimento do outro como seu semelhante, o que implica uma ressonância motora e um mimetismo emocional.

4.
Conclusão

É importante compreender que o sistema nervoso liga tudo com tudo. Sendo assim, no seu estado natural, o sistema nervoso é competente para a re-ligação, e dispõe, como competências espontâneas para pensar, da atenção, da sensibilidade, da intuição e da inteligência.

– Sensibilidade, que representa os sentidos ligados aos sentimentos;
– Atenção (como «consensualidade de sentidos», tal como referia Meltzer);

– Intuição (consensualidade dos níveis de consciência cortical e sub-cortical), sendo que a pulsão liga dois níveis de consciência;
– Inteligência [como forma de ligar as competências cognitivas à sua articulação com a sensibilidade (que representa o produto dos sentidos pelos sentimentos)].
Atenção, sensibilidade, intuição e inteligência representam duas consciências compatibilizadas uma na outra.

Os mecanismos mentais podem ser tomados como aquilo que viabiliza a fantasia. Por outras palavras: atenção, sensibilidade, intuição e memória são, em conjunto, fantasia. Estas competências espontâneas para pensar podem tornar-se mais complexas se forem enriquecidas por um Aparelho de Pensar – imaginação, fantasia, função simbólica e actos empreendedores – que, de forma intencional, liga, analisa, sintetiza e integra informação.

Imaginação, como produto, espontâneo, do sistema nervoso que, ao produzir imagens (como resultado da interacção sináptica que resulta dos processos de pensamento) ao recombiná-las (sempre que os constrangimentos educativos não favoreçam a contenção à continência) e ao articulá-las numa cascata de histórias de vida (que representam uma forma de pensar sem presente, sem passado e sem futuro, a que podemos chamar fantasia) se traduzem numa competência para pensar sobre o pensamento (função simbólica) e em actos com intencionalidade empreendedora (que articulam o vivido e antecipam o futuro, como forma de pensar a vida e de viver o pensamento).

Se pretendermos voltar a Freud, a partir destes conteúdos, numa fórmula de síntese, talvez possamos chegar a um resultado deste tipo:

Trabalho de luto (perda, posição depressiva e reparação)
x
Trabalho de sonho (condensação, figurabilidade e deslocamento)
=
Função Simbólica

Mas, se pretendermos continuar a ligar os conteúdos tradicionais da psicanálise, como podemos compreender pulsão e libido? Voltemos a uma leitura esquemática:

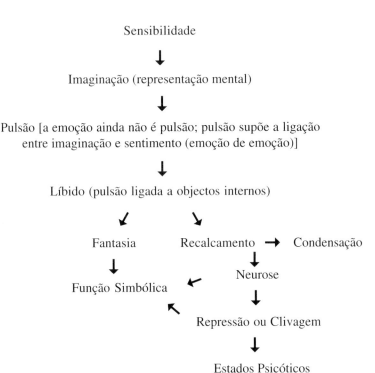

A pulsão, alguma vez, será de morte? Sim. Quando? Quando representação e sentimento se desencontram. No entanto, a pulsão só, secundariamente, é de morte. E sê-lo-á sempre que os objectos internos, em vez de expandirem os sentimentos vividos, introduzem sentimentos contraditórios. Isto é, quando os sentimentos vividos não encontram um espaço de partilha e de comunhão e são sentidos (pelo "outro") como maus.

Quais são as consequências da prevalência da pulsão de morte no psiquismo? A melancolia que, no limite, desencadeia a mortificação interior (através de somatizações muitos graves).

Supõe isso que na psicose também se observam fenómenos de repressão? Sem dúvida. Aliás, sempre que aquilo que se reprime se impõe de forma, tendencialmente, exuberante o reprimido transforma-se em estados psicóticos. São, portanto, as experiências de sofrimento que inibem os mecanismos de ligação. Descuido, desamparo e indiferença são os degraus que estão subjacentes ao sofrimento depressivo. O descuido compromete a função simbólica, o desamparo a fantasia. O desamparo inibe intuição, atenção e memória; isto é: inibe a fantasia. A indiferença, que resulta dos episódios de terror, de violência cumulativa ou de situações de interminável impasse encaminham para experiências de quase-morte que inibem sensibilidade.

Sendo assim, não se pode falar, a meu ver, de uma mas de várias patologias psicossomáticas. Em nenhuma circunstância se observa uma inibição do imaginário, que funciona como um mecanismo (de auto-organização e) de ligação entre corpo e pensamento. Enquanto na patologia psicossomática, que acompanha o recalcamento, se observam formas psicossomáticas lábeis, nos quadros onde prevalece a repressão, e que resultam em experiências de desamparo, observam-se alterações psicossomáticas em torno de lesões que resultam da contenção agressiva, e que se situam no âmbito do aparelho digestivo, das lesões oftalmológicas (tipo derrames ou estrabismos convergentes, por exemplo), dos quadros pneumonológicos (asma e bronquite) e das lesões dermatológicas (dermatites, eczemas e psoríase). Já quando a clivagem que acompanha a repressão se vai tornando mais estática observam-se alterações em torno da pele, olfacto, tacto, paladar. Estamos, portanto, no âmbito da psicose vivida duma forma psicossomática. Finalmente, sempre que prevalece a indiferença, em função da inibição da sensibilidade, observam-se alguns quadros oncológicos, doenças degenerativas do sistema nervoso e patologias auto-imunes.

Se o inconsciente freudiano tanto podia ser alvo de censura (de acordo com as regras sociais) como objecto de deslocamento e de sublimação, o inconsciente da biologia só pode ser objecto de deslocamento e de sublimação. Isto é: quando censuramos a sensibilidade, a intuição e a memória censuramos a fantasia. O resultado desta censura continuada, evoluindo para a repressão, gera uma confusão de linguagens. Esta confusão de linguagens, pode ser moderada ou severa. À confusão moderada poderemos chamar depressão fria. Mas se essa confusão de linguagens perdura no tempo, observa-se o progressivo divórcio de linguagens (semelhante, mais do que a uma inibição, a uma atrofia do imaginário) e instala-se uma situação em que, pela racionalidade, o sujeito, ameaçado pela sua competência – espontânea – para o conhecimento, foge dela. Este processo mental é, em tudo, idêntico a uma patologia auto-imune, na medida em que uma pessoa passa a reconhecer como agressores os recursos (nervosos e, por consequência) mentais que lhe dão vida, a alimentam e protegem. A este processo chamei, há muito tempo, psicose psicossomática, dando ênfase à confusão entre corpo e pensamento (que, em vez de funcionarem, em conjunto, como um eco-sistema se tentam sobrepor e dominar, mutuamente), entre biologia e irracionalidade, entre bem e mal. Hoje, como já afirmei, distingo as manifestações psicóticas expressas pela corpo da destrutividade psicótica vivida de forma contida (isto é, mediada, com sucesso, pelo controle omnipotente das emoções) a que chamo psicose fria, (aqui, retomando Green). Na realidade, esta psicose fria, subjacente aos quadros psicossomáticos mais mortíferos, representa o mesmo núcleo melancólico da psicose sem quaisquer outras contrapartidas económicas (mentais ou agidas), o que a torna mais mortificante e mortífera. Mais do que a inibição do imaginário, como Sami-Ali referia, o primeiro passo do adoecer psicossomático é o controle obsessivo das emoções; o segundo, a confusão de linguagens entre níveis diferentes da consciências; o terceiro, a inibição da função simbólica; o quarto, a inibição da fantasia; o quinto, a inibição da sensibilidade; o sexto, a indiferença, com mortificação interior e mortandade corporal. Quando vos chamo a atenção para a depressão e para a psicose fria relevo, no fundo, a forma contida e implosiva com que são vividas.

Falei-vos até aqui de uma outra leitura do inconsciente, e chamei a atenção para as duas consciências que, permanentemente, dialogam em nós. A esse diálogo, só como benevolência poderemos chamar ritmo (aproveitando um conceito de Sami-Ali). Dei, implicitamente, alguns exemplos macroscópicos destas duas consciências a dialogar: sensibilidade, a atenção, a memória, os sentimentos, o medo (que resulta do stress), a agressividade (sempre que se manifesta) e a sexualidade.

Falei, também, do modo como não é a inibição do sonho (como referia Sami-Ali) que marca a precipitação de um quadro psicossomático mas o facto do sonho (como todas as outras manifestações de contacto entre estas duas consciências) se inibir em consequência do stress crónico de quem anda, permanentemente, exposto a exigências de medo, de terror ou de pânico. Mais claramente: a inibição do sonho é só uma das consequências da contenção agressiva.

Falei do controle obsessivo das emoções (mais claro no capítulo sobre mecanismos de defesa) e do modo como a contenção da agressividade – por exposição continuada e experiências de medo, de pânico ou de terror – inibe a função simbólica, a fantasia e a sensibilidade, e pela exposição a desamparos continuados, podem levar à indiferença. A esta chamei psicose fria (por oposição à depressão fria, que resulta de abandonos cumulativos). E com todas tentei relacionar algumas patologias psicossomáticas. Em qualquer uma delas gera-se uma confusão de linguagens entre estas duas consciências que as conduzem da iliteracia emocional à indiferença (autêntico quadro auto-imune no psiquismo).

De tudo isto resulta que a psicoterapia dos quadros psicossomáticos deve tomar em consideração que sempre que o sofrimento mental não se expressa pelo psiquismo ou pelo agir se expressa pelo corpo. Quer isto dizer que haverá componentes psicossomáticos em todos os quadros clínicos que se tornam mais prevalentes quanto mais a expressividade aparece inibida e mais é exigida a uma pessoa contenção agressiva, em consequência da exposição a situações continuadas de medo, de pânico ou de terror. Quanto maior a iliteracia emocional que daí resulte maior a prevalência da expressão psicossomática de um quadro clínico. Em quaisquer circunstâncias, mais do que a mera constatação da putativa natureza psicossomática de uma doença, perceber que há uma inibição da função simbólica implica tratá-la com uma técnica psicoterapêutica idêntica a que se utiliza na neurose. Quanto mais se caracteriza por uma depressão fria logo se trata com a técnica que se utiliza na patologia borderline. Quanto mais prevalece a psicose fria mais se deve tratar o núcleo melancólico que lhe está subjacente.

Bibliografia

Alexander, F. (1970). *La médicine psychomatique, ces principes et ces application*. Paris: Payot.

Baider L., Andritsch, E., Goldzweig G., Uziely, B. et al. (2004). Changes in psychological distress of women with breast cancer in long-term remission and heir husbands. *Psychosomatics*, 45, 58.

Bennet, P., Brooke, S. (1999). Brief report: Intrusive memories, post-traumatic stress disorder and myocardial infarction. The British Journal of Clinical Psychology, 38, 411-417.
Butow, P. N., Hiller, J. E., Price, M. A., Thackway, S.V., Kricker, A., & Tenant, C. C. (2000). Epidemiological evidences for a relationship between life events, coping style, and personality factors in the development of breast cancer. Journal of Psychosomatic Research, 49, 169-181.
Cardoso, N. M. P. (1995) Doença oncológica e alexitimia: contributo pessoal. Coimbra: Tese de Mestrado apresentada à Faculdade de Psicologia e Ciências da Educação da Universidade de Coimbra.
Carta, M.G., Orru, W., Hardoy, M. C., & Carpiniello, B. (2000). Alexithymia and early diagnosis of uterine carcinoma: results of a case control study. Psychotherapy and Psychosomatics, 69; 339 - 341.
Clement, P. (2004). En finir avec l'inconscient. Montréal: Liber.
Cohen, S. & Herbert, T.B. (1996). Health psychology: psychological factors and physical disease from the perspective if human psychoneuroimmunology. Annual Review of psychology, 47, 113-143.
Cyrlunik, B. (2006) De cuerpo y alma. Barcelona: Gedisa Editorial.
Damásio, A. (2001). O erro de Descartes:. Emoção, Razão e Cérebro Humano. (22ª Edição). Lisboa: Publicações Europa-América.
Fernandes, N. & Tomé, R. (2001). Alexitimia. Revista Portuguesa de Psicossomática, 3, 97-115.
Garssen, B. (2002). Psycho-oncology and cancer: linking psychosocial factores with cancer development. European Society for Medical Oncology, 171-175.
Green, B. L, Rowland, J. H., Krupnick, J. L., Epstein, S. A. et al. (1998). *Prevalence of posttraumatic stress disorder in women with breast cancer*. Psychosomatics, 39, 102-112.
Grossarth-Maticek, R., Kanazir, D.T. Schmidt, P. Vetter, H. (1982). Psychosomatic factors in the process of cancerogenesis. Psychotherapy and Psychosomatics, 38, 284-302
Gurevich, M., Devins, G. M., & Rodin, G. (2002). Stress response syndromes and cancer: conceptual and assessment issues. Psychosomatics, 43, 259 - 282.
Hjerl, K., Andersen, E., Keiding, N., Mouridsen, H et al. (2003). Depression as a prognostic factor for breast cancer mortality Psychosomatics ,44, 24-31.
Honda, K. & Goodwin, R. D. (2004). Cancer and Mental Disorders in a National Community Sample: Findings from the National Comorbidity Survey. Psychotherapy and Psychosomatics, 73, 235.
Iwamitsu, Y., Shimoda, K., Abe, H., Tani, T., et al. (2005). Anxiety, emotional suppression and Psychological distress before and after breast cancer diagnosis. Psychosomatics ,46, 19-25.
Kiecolt-Glaser, J. K., Robles, T. F., Heffner, K. L., Loving T. J. & Glaser, R. (2002). Psycho-oncology and cancer: psychoneuroimmunology and cancer. European Society for Medical Oncology. 165 - 169.
Kunkel, E. J. S., Bakker, J. R., Myers,J. R., Oyesanmi, O.,& Gomella, L. G. (2000). Biopsychosocial aspects of prostate cancer. Psychosomatics, 41, 85-95.
Marty, P. (1990). La Psychosomatique de l'adulte. Paris: P.U.F.

Matos, A. C. (2003). *Mais amor menos doença: a psicossomática revisitada*. Lisboa : Climepsi.
Matos, M. (2005). *Adolescência: Representação e Psicanálise*. Lisboa: Climepsi.
Maunsell, E., Brisson, J., Deschenes, L. (1995). Social support and survival among women with breast cancer. *Patient Educational Counseling*, 37, 215-230.
Milheiro, J. (2001). O corpo sabe. *Revista Portuguesa de Psicossomática*, 3, 9-83.
Nakaya, N., Tsubono, Y., Hosokawa, T., Nishino, Y., Ohkubo, T., Hozawa, A., Shibuya, D., Fukudo, S., Fukao, A., Tsuji, I., & Hisamichi, S. (2003). *Personality and the risk of cancer*. J Natl Cancer Inst., 11, 799-805.
Nava, A.S. (2003). *O cérebro apanhado em flagrante*. Lisboa: Climepsi.
Penninx, B., W., J, H., Guralnik, J. M., Pahor, M. et al. (1998). Chronically depressed mood and cancer risk in older persons. *Journal of the National Cancer Institute*, 90, 1888-1893.
Petticrew, M., Fraser J.M., & Regan, M. F. (1999). Adverse life-events and risk of breast câncer: A meta-analysis. *British Journal of Health Psychology*; 4, 1.
Sá, E. (2003). *Textos com psicanálise*. Lisboa: Fim de século.
Sami-Ali (2001). *Sonho e psicossomática*. Lisboa: Dinalivro.
Servaes, P., Vingerhoets, A.J.J.M., Vreugdenhil, G., Keuning, J.J., & Broekhuijsen, A.M. (1999). *Behavioral Medicine*, 25, 23-28
Stommel, M., Given, B. A., & Given, C. W. (2002). Depression and functional status as predictors of death among cancer patients. *Cancer*, 94(10), 2719-2727.
Tavares, M. A. (1999). Introdução à psico-oncologia. *Temas C.L. de psiquiatria, psicossomática e psicologia*, 157-166.
Temoshok, L., Heller, B., Sagebiel, R. W., Blois, M. S., Sweet, D. M., DiClemente, R. J, et al. (1985). The relationship of psychosocial factors to prognostic indicators in cutaneous malignant melanoma. *Journal of Psychosomatic Research*, 29, 139–53.
Trikas, P., Vlachonikolis I., Samonis. G, Askoxilakis I., et al. (2002). Low psychopathology scores in the prognosis of breast cancer: A preliminary report. *Psychotherapy and Psychosomatics*, 71, 162-168.
Weiner, I. B. (2003). Psychobiological Factors in Bodily Disease. In Nezu, A. M., Nezu, C. M., Geller, P. A., Weiner, I. B. (Eds.), *Health psychology*. Hoboken, N.J. : John Wiley & Sons.

Capítulo 3

SOBRE A COMUNHÃO

A Liberdade do Nascimento e a Sabedoria do Bebé

A psicanálise reúne em si mesma um modelo científico de compreensão do psiquismo (fundado em diversas disciplinas que vão da etologia à psicopatologia, por exemplo) e um método clínico (que pretende aceder, humanamente, ao sofrimento e, tomando-o muito para além da aparência dos sintomas, fazer duma relação entre as duas pessoas um *new begining*). Para além dum método clínico, a psicanálise é, também, um «estado de espírito» onde, muito mais que apóstolo ou militante, um psicanalista deverá ser livre, autêntico, clarividente, subversivo – na forma como apela ao pensamento – e humano.

Será, talvez, este o maior desafio duma relação clínica: contribuir para a criação de uma psicanálise de rosto humano que nos torne «mais pessoas» e, mais do que confrontar cada homem com a sua verdade trágica e oculta, o reconcilie com a vida, e o reabilite para a esperança e para alegria como consequências da transformação humana.

1. Os desafios da vida

O Prof. Pedro Luzes dizia-me, há algum tempo, que apesar de muitos adolescentes imaginarem que há um patamar no crescimento a partir do qual parece que se deixa de crescer, a verdade é que a vida nos encaminha sempre para níveis de maior complexidade. Queria ele dizer – interpretei assim – que perante os desafios da vida estaremos mais abertos para crescermos com eles sempre que podermos ser mais ou menos bebés: curiosos, atentos, abertos ao deslumbramento desses desafios, intuitivos e autênticos. Mas estas características não são, a meu ver, próprias do bebé e estranhas ao psiquismo dos adultos. São características da natureza humana, presentes nos bebés como em nós, mas que a educação (ao confundir educar com domesticar) ajudou a que as reprimíssemos (o que os bebés ainda não aprenderam a fazer... para nosso bem!).

A complexidade crescente do desenvolvimento da vida aparece bem expressa em *Jurassic Park*: perante a omnipotência do investigador que se excitava com a capacidade de dominar a vida, manipulando-a ao clonar dinossauros de forma a que não procriassem (imaginando desse modo um admirável mundo novo, dominado pelo cientismo), destacava-se um personagem, mais discreto e mais sensato, que lhe dizia que, por mais que tentemos dominá-la, a vida encontra sempre uma nesga de espaço que a leva a reinventar-se e a recriar-se, mesmo com os constrangimentos que ousemos opor-lhe.

2. O universo da psicanálise

A psicanálise vem do século XIX e, como todas as criações da vida, se nesse entretempo não morreu de morte natural (apesar de ter havido quem confundisse um modelo científico com leituras ideológicas ou com interpretações de um fundamentalismo quase religioso), é porque reunia em si-mesma os recursos vivos que permitiram que se recriasse e ficasse mais viva, apesar de alguns dos abusos com que a penalizaram.

No século XIX a reflexão científica era dominada pelo paradigma epistemológico erguido sobre o princípio da constância, levando a supor, no limite, o equilíbrio como um estado de repouso à margem da existência de conflitos de forças. Tudo aquilo que interferisse nesse equilíbrio seria desorganizador. Assim seriam, em parte, para a psicanálise, as manifestações do... inconsciente. Embora, noutra parte, o inconsciente fosse «mobilizado» para revelar a complexidade da vida... mental.

Também as leituras baseadas na relação de objecto, de Klein ou de outros autores, como as interpretações acerca da vida, de Bion, assentam num princípio de constância semelhante. Lido a partir delas, qualquer conflito geraria dor, em relação à qual a função pensante da mãe (ou a competência para pensar de um bebé) teria um efeito de analgesia que, como consequência, se traduziria na reposição do equilíbrio. Vejam como a psicanálise, a exemplo de outros campos da ciência, foi influenciada pela física clássica, que toma o universo infinito no espaço e eterno no tempo, reversível e determinista, onde as mesmas leis produzem os mesmos efeitos.

Ou seja: numa leitura psicanalítica clássica «O inconsciente» englobava toda a informação que o sistema nervoso «lançava» no corpo e no pensamento. Parecia ser autónoma e incontrolável – e, não sendo consciencializada, seria sustida pela repressão (do supereu), atingindo falsos equilíbrios sob a forma de sintomas. Numa leitura psicanalítica influenciada por Bion, o pensamento resultaria de desencontros entre um inconsciente produtor de informação nervosa (e, por consequência, de pensamentos) e um aparelho de pensar que se equilibraria ao transformá-la em imagens.

Deixem que tente ser didáctico num longo *parêntesis*: a descoberta essencial de Freud, como diz o Dr. Coimbra de Matos, foi a da... máquina a vapor (um sistema nervoso como uma força a produzir, incansável, vida, sob diversas formas). Klein e os seus discípulos sugeriram que, para além do inconsciente, as pessoas simbolizam e pensam, enquanto Bion ousou dizer, não negando nenhuma das premissas que, todavia, a função essencial do pensamento seria traduzir o inconsciente... em imaginação – se preferirem – numa função que transformasse a informação do sistema nervoso em imagens (que antecipou, aliás, muitas das descobertas mais recentes da neurobiologia).

Olhado do século XXI, Bion cometeu algumas omissões. Falo-vos de três:

– Não se terá dado conta que imaginar não é ter consciência nem aceder à clarividência que trazem consigo as transformações. E que, portanto, a imaginação (que tanto o aproxima de Sami Ali) pode representar uma forma de elaboração psíquica... com analgesia (com todas as consequências que isso tem na clínica);
– Por outro lado, Bion terá «pecado por omissão» ao falar em abstracto de um aparelho de pensar. Em rigor, as relações representativas são o arquitecto do sistema nervoso o que, em consequência, faz com que os objectos internos sejam a estrutura do aparelho de pensar;

- Para além disso, Bion imaginou que o pensamento nascia destas experiências de dor e procuraria um equilíbrio último – a Verdade – a partir da qual se tornasse desnecessário pensar. Ou, tentando ser mais didáctico, aos olhos dessas interpretações (já mais biónicas) pensaríamos... para deixarmos de pensar. Quando, na verdade, o pensamento nunca procura a verdade: desvenda-se sempre que não obstrói os ritmos da vida.

Veja-se como, apesar da grande distância que parece separar Freud de Bion, por exemplo. A reflexão deste último é, ainda, tão positivista. Mais grave, muitas das reflexões de Bion representam algum retrocesso em relação aquilo que fundou a psicanálise, tal como Freud a pensou: um modelo científico, obrigatoriamente aberto a outras disciplinas científicas com que se questionava e que tentava integrar através de sínteses sucessivas.

Em paralelo ao da física, o «universo» de Freud, de Klein ou de Bion seria «infinito no espaço e eterno no tempo», e só assim, numa lógica newtoniana, ganharia sentido ignorar a vida mental dos fetos e dos bebés, ou tomar a psicose como «ataques ao pensamento», como se a razão – a consciência, a função simbólica ou o pensamento – fosse o produto supremo do psiquismo.

3. Uma pluralidade de futuros

Voltemos à física, com Prigogine: «perto do equilíbrio, a termodinâmica descreve um mundo estável» no qual, após cada flutuação, o sistema regressa ao seu estado de equilíbrio. Mas, ao colocarmo-nos longe do equilíbrio, as flutuações podem dar nascimento a novas estruturas espacio-temporais, a uma diferenciação progressiva, ao não-equilíbrio e a uma «pluralidade de futuros».

É assim na física como com o sistema nervoso: alimenta o pensamento e deixa-se modular por ele. É vivo, associativo (em 99,8% das fibras nervosas), nunca repete porque recria, cresce para a complexidade, longe do equilíbrio, e abre-nos a uma pluralidade de futuros.

4. A intencionalidade para pensar

Não sendo anencéfalos, os bebés foram sendo descritos, pela quase totalidade dos investigadores, ao longo da história da psicologia do desenvolvimento e da psicanálise, como se o fossem: ora falando-se deles dominados por «reacções circulares» (como Piaget), ora imaginando-os a nascer como se estivessem perto de uma psicose congénita (como o fizeram Klein e Bion), ou descrevendo-os – projectivamente – num registo de um «autismo normal», como Mahler.

E, no entanto, o sistema nervoso dos bebés permite-nos perceber a natureza da vida: à margem de qualquer função pensante da mãe, recebe, associa e integra informação. Organiza, por imagens, uma memória em que se conjugam a filogenese (do código genético) e a experiência. E, em função da informação nervosa organizada a partir de estímulos exteriores, produz pensamento à margem da determinação de pensar.

Os recursos psíquicos dos fetos e dos bebés (até cerca dos dois meses do pós-parto, marcadamente, subcorticais), traduzem-se–num plano mental – por um pensamento pré-verbal [sustentado por níveis de comunicação digital – através dos ritmos (do embalamento, por exemplo), do tom de voz (que, reflexamente, os seres humanos baixam para se adequarem aos bebés) e por comunicação analógica (o diálogo pelo olhar, pela expressão gestual, pela mímica, etc.)], e num plano da neurobiologia, por esquemas mentais. Isto é, por recursos filogenéticos condensados no genoma, que se traduzem, a nível do tecido nervoso, em sinapses supranumerárias e redundantes nas funções que sustentam, que nos tornam, desde quase sempre, pré-competentes para performances mentais e relacionais, cuja estabilização selectiva é estruturada pelas solicitações do ambiente (intra e extra--uterino, pré e pós-natal) organizando-se, deste modo, a ontogénese do psiquismo.

O sistema nervoso, como sistema aberto, carece de estímulos que lhe permitam auto-organizar-se. Pensar supõe, assim, não tanto uma performance hipotético-dedutiva que permita descodificar conteúdos mentais, mas uma exigência mental de integração das transformações cerebrais (próximo, aliás, do que Piaget descrevia sob a designação de processos de adaptação e de acomodação). Isto é, o ruído representará, em termos neurobiológicos, o conjunto de estímulos que se traduzem em informação nervosa que carece de integração mental. Assim, o ruído vai "alimentar" o sistema nervoso dos recursos que decorrem das transformações que mobiliza para se lhe adequar. Já o excesso de ruído, potencia os pensamentos por pensar e, no fundo, viabiliza as condições nervosas que sustentam os sintomas psicopatológicos.

Ao contrário, a competência para pensar é anterior à intencionalidade de pensar. Visto assim, o inconsciente não precisa de um supereu que sustenha as suas manifestações porque, se associarmos o sistema nervoso ao inconsciente, facilmente percebemos que ele é erotismo, uma força viva que procura relações de maior complexidade. É sinónimo de instinto de vida. De erotismo: uma força viva e ética que elege as relações que nos dão motivos para estarmos vivos.

5. A sabedoria do bebé

Se, dantes, a propósito da vida mental, ao referirmos o inconsciente éramos remetidos para pressupostos mais ou menos animais da natureza humana, ao associá-lo aos bebés seríamos levados a multiplicar o colorido «de tábuas rasas» com que eles apareciam descritos. O sistema nervoso do bebé é competente para imaginar (na medida em que produz, espontaneamente, imagens a partir de experiências vividas, e memoriza as imagens que decorrem da experiência das relações), para intuir (associando, espontaneamente, informação, que o leva a parecer ser competente para adivinhar porque, se bem que exista uma pluralidade de hipóteses em cada um dos seus gestos, há uma intencionalidade que leva o bebé a escolher a que melhor lhe serve). Não se trata, como Freud ou Bion afirmavam, uma pulsão para o conhecimento, cuja expressão mais visível seria a curiosidade mas, muito mais, de uma competência para pensar anterior à intencionalidade de pensar. Não se trata, finalmente, da consciência como aparelho perceptivo do psiquismo, a que o bebé é capaz de aceder, mas trata-se de uma intencionalidade que, com a maturidade, se traduzirá não tanto na competência para consciencializar, mas para aceder a experiências de comunhão que, pela associação espontânea de informação, criam a clarividência. Não se trata de competências, como tanto se foi falando a propósito dos bebés, mas da sabedoria do bebé.

6. Ritmos de vida

A natureza humana (com a sua intencionalidade para pensar) transforma os ritmos da vida numa pluralidade de períodos sensíveis que se multiplicam: são períodos de maior sensibilidade e de maior vulnerabilidade mas, também, de maior abertura a outros ritmos, a novas relações de intimidade e de autenticidade que, potenciando-se nos nossos, nos trazem mais vida e nos transformam. Essas novas relações de intimidade «desassossegam-nos», tornam-nos ou mais espertos ou mais irónicos, ou mais capazes para brincar, por exemplo; trazem a clarividência das «revoluções tranquilas». É essa comunhão entre pessoas que representa um nascer de novo e nos leva ao amor pela vida e à fé nos outros. Comunhão que sentimos no diálogo do bebé com os seus pais (como relações amorosas ou na relação analítica): são relações que crescem de «gestos espontâneos» (Winnicott) e «à margem da necessidade de palavras» (Klein).

Em verdade, ao contrário de Rank – que falava, com ênfase, do «traumatismo de nascimento» – acho que este nascer de novo representa... a liberdade do nascimento. A liberdade que resulta do crescimento para relações mais complexas, mais estimulantes... mais vivas. A liberdade que resulta de sentirmos que a comunhão com alguém não atrofia a nossa autonomia, antes a engrandece.

Daí que, em rigor, o ritmo de vida seja, à escala de uma relação, a triangulação. Não a triangulação entre o pai, a mãe e o bebé, mas entre os rimos do bebé em relação com pelo menos dois outros ritmos diferentes. Com humildade peço licença ao Dr. Perez Sanchez para interpretar assim a sua ideia de «unidade originária». Vista assim, é a triangulação que funda o self, sendo a depressão a falha desta relação triangular, que remete um bebé, ou qualquer um de nós, para o espaço – ora claustrofóbico, ora agorafóbico – de uma relação mais ou menos siamesa, a dois.

7. A liberdade do nascimento

Dizia-vos, no início, que perante os desafios da vida, seremos tanto mais saudáveis sempre que podermos ser mais ou menos bebés: curiosos, atentos, abertos ao deslumbramento desses desafios, intuitivos e autênticos. E acrescentava, como recordam, que essas características não são próprias do bebé e estranhas ao psiquismo dos adultos. São características da natureza humana. Características da sabedoria, acrescento, que se revelam... com a liberdade de cada (novo) nascimento.

Da Comunhão à Comunhão

... posição uterina e amor sem objecto

(Ensaio psicanalítico sobre a vida emocional do feto
e do bebé e sobre a relação mais precoce)

1.
A actividade de pensar

A psicanálise foi, desde sempre, reflectindo sobre o bebé. Fê-lo, transpondo – muitas vezes – excertos de sessões de psicanálise para a conjectura científica acerca da vida mental mais precoce (com que, depois, construiu estudos de caso ou rasgou "avenidas novas" na ciência e na clínica). Foi, partindo deles, que as noções de «sentimento oceânico», em Freud, de «traumatismo de nascimento», em Rank, ou de posição esquizo-paranóide, em Klein, ganharam espaço e foram sendo repetidas e replicadas (quando se tratava de as adaptar à leitura do desenvolvimento). Em quase todas elas, o bebé parecia ser:

– *um aparelho digestivo acoplado a um encéfalo* (sendo tomado como um reservatório de instintos, pautado pela oralidade). Se os contributos da etologia, para a compreensão dos bebés, trouxe, a este nível, novidades importantes, para a compreensão da vida mental no bebé, já a generalização das noções de bom e de mau seio, por exemplo, talvez tenha representado uma infelicidade científica. Não falo, no entanto, da forma como o conceito de oralidade esqueceu (!) os olhos, como referência essencial, para o bebé, nesse saltitar olhos-boca/

boca-olhos, que sinaliza a relação mais precoce [mais tarde, acrescida da gestalt do rosto e do movimento e a expressividade das mãos] que nos permitem compreendê-lo como um ser visuo-auditivo (em vez de audio-visual);

– *uma tábua quase rasa, formatável pela função pensante da mãe*, como surge, no conteúdos essenciais dos textos de Bion, ou de outros autores;

– e, finalmente, *num registo idílico ou bucólico*, mais ou menos propício às projecções de quem assim o descrevia.

Convenhamos que, muitas dessas perspectivas, têm as limitações que derivam do desconhecimento que a dinâmica emocional do feto e do bebé foi sofrendo ao longo do século XX. Hoje, o bebé já não é nem tão desconhecido nem tão enigmático. Nasce com um conjunto de competências que desenvolve desde a vida intra-uterina, e sabemos que o peso do cérebro do bebé, nos primeiros anos de vida, se multiplica, anualmente, por quatro (Cyrlunik, 2006). Sabemos, ainda, transpondo a etologia para a psicologia, que quando os macacos são asilados desde pequenos, desenvolvem uma «(...) atrofia cerebral frontolímbica», e revelam uma queda nas hormonas do crescimento e nas hormonas sexuais, o que nos leva a questionar quais poderão ser as consequências de idêntica negligência nos bebés.

Ainda assim, podemos dizer que o bebé não precisa da mãe para pensar: ele pensa por si! E reagindo, hoje, a Winicott, talvez devamos afirmar que aquilo a que chamamos mãe não existe... fora da relação com o bebé. Isto é: o bebé não precisa da mãe para pensar. Mas ela é imprescindível para que ele pense melhor. Por outras palavras: a relação (toda a relação!) é insubstituível na forma como promove o crescimento para níveis de complexidade sempre crescentes, sem a qual se morre, por dentro. (É este, aliás, o princípio do humanismo psicanalítico quando convida o analista a tentar imaginar como sente uma a pessoa ao mesmo tempo que se pergunta, sem tréguas, o que sente por ela). Sendo assim, o grande desafio da relação mãe-bebé (tal como o desafio das relações amorosas ou das relações clínicas, por exemplo) é encontrar pessoas que nos acolham sem constrangimentos, e que, ao compatibilizarem-se connosco, permitam o amor, como consensualidade de sentimentos, como experiência de entusiasmo, e de despertar para a alegria. Da mesma maneira que sempre que não há vinculação sem autonomia (e vice--versa) não há amor sem diferença. O amor que não tolera a diferença não é amor, mas narcisismo. Daí que a importância da triangulação (ou unidade) originária mãe-pai-bebé resida no pressuposto: quando há um vínculo (repito: quando há um vínculo) há mais diferença e mais amor.

Mas voltemos à actividade mental do bebé, a partir de alguns conceitos e de autores representativos da psicanálise. Voltemos ao "princípio". Para Freud, o bebé vem "equipado" com instintos e com impulsos... Já as fantasias derivariam de impulsos inconscientes que seriam a expressão viva dos instintos básicos (sexuais ou agressivos). Todavia, na sua opinião, a «unidade básica do inconsciente não seria a fantasia, mas o desejo instintivo inconsciente» (Spillius, 2003), embora fale de fantasias originárias, a propósito de traços filogenéticos relacionados, por exemplo, com a «cena primitiva». (Por outras palavras, o bebé teria, no essencial, para Freud, um psiquismo de reflexos, já que a sua ideia de fantasia seria muito sofisticada, quando aplicada ao bebé...).

Se tomarmos a fantasia, no bebé, partindo de Klein, já não custa imaginá-la presente na sua vida mental. Para Klein, «as fantasias inconscientes são o conteúdo primário inconsciente; e os sonhos, uma transformação destas». Klein considera a fantasia como a actividade mental básica (equiparável aos sentimentos e pensamentos inconscientes) presente, de forma rudimentar, do nascimento em diante, intimamente ligada à experiência corporal, vivida (principalmente, através de sensações viscerais e de experiências sensoriais, em conflito, entre si, quando lidas por intermédio de um eu regulador). [Spillius (op. cit.) ressalva a equivalência entre os conceitos de fantasia, em Klein, e de pulsão, em Freud (embora a phantasia represente a fantasia inconsciente e a fantasia associável à actividade mental consciente)]. Por outras palavras, Klein e Isaacs consideram que as fantasias não são usadas, apenas, para exprimir impulsos e desejos mas, também, como mecanismos de defesa. Sendo assim, a fantasia seria, no bebé, um enredo de experiências vividas, que se enovelam e matizam, e que fazem do psiquismo do feto e do bebé, ao mesmo tempo, uma máquina de filmes e uma tela de cinema. A fantasia do bebé, a partir de Klein, pressupõe uma actividade mental básica, que lhe permite ter autonomia, quer no modo como integra o corpo na mente (e vice-versa), como no modo com que se protege dos outros, como da mãe (bastando que, para tanto, em vez de encontrar, na relação, respostas expansivas para a sua vida mental, esbarre em constrangimentos que o magoem).

Será a fantasia uma actividade mental básica (equiparável a emoções, a sentimentos e a pensamentos inconscientes) presente, desde o nascimento? Tomada desta forma, não me parece questionável. Mas será rudimentar, no sentido de uma cascata de emoções e de sensações, sem um funcionamento reflexivo que a integre, equiparando os estados precoces do desenvolvimento a uma psicose congénita (como afirmava Klein, a propósito da posição esquizo-paranóide)? Não! A ideia da existência de estados precoces do desenvolvimento muito arcaicos só será razoável se os tomássemos em comparação com a função simbólica (no sentido do verbalizar, do discernir e do pensar). Se tomarmos a capacidade de mentalizar como um processo espontâneo desde sempre, no bebé, a noção de estados arcaicos no desenvolvimento mental perde verdade. Isto é: as experiências precoces – boas ou más – se bem que não acedam à verbalização, isso não significa que não sejam pensadas. [Recordo-vos o que sempre vos disse: o sistema nervoso pensa (desde sempre) à margem da intencionalidade para pensar. As experiências muito precoces, não sendo verbalizáveis, são guardadas como experiências matriciais que organizam todas as relações e todos os processos de vinculação. Mas são guardadas sob uma névoa: tornam-se memórias implícitas. Desencadeiam reflexos defensivos ou gestos espontâneos. (Veja-se o que se passa quando um traumatismo de nascimento, como a anóxia neo-natal, pode desencadear reacções para-claustrofóbicas, pela vida fora, ou como a prematuridade, como traumatismo precoce, induz reacções "hipocondríacas" exorbitantes, perante situações de saúde relativamente banais)]. Sendo assim, não é verdade que, no início da vida extra-uterina, a actividade mental seja arcaica e rudimentar e, muito menos, não é verdade que sejam estados, sobretudo, dominados pela filógenese.

Resulta daqui que o bebé não é só pulsão. Vejamos Lacan (1964). Para ele, o movimento pulsional, na sua origem, é acéfalo, e tem em vista a finalidade biológica (Penot, 2003). Mas não sendo só pulsão, como se processa a vida mental, no bebé? Mas, então, o que é que o distingue? Como se caracteriza a sua vida mental?

Em primeiro lugar, caracteriza-se pelo *funcionamento reflexivo*. Isto é, pela habilidade de compreender, em termos de estados mentais, os próprios comportamentos e os dos outros, operando, automaticamente, fora da consciência, através das memórias implícitas. Poderemos dizer que o funcionamento reflexivo resulta do metabolismo da memória e representa uma forma de pensar à margem da intencionalidade de pensar. E que esse processo é inato. E espontâneo.

Em segundo lugar, pela capacidade de mentalizar. Por *mentalização* podemos considerar o processo pelo qual a vida pulsional e afectiva é transformada (e permanece) sob formas simbólicas, através da formação de representações psíquicas que ligam experiências básicas a imagens e palavras. Isto é: o bebé simboliza antes da função simbólica. Mas acede aos símbolos, sobretudo, por intermédio da verbalização. Isto é: primeiro, intui e interpreta; só depois, expressa. Com mais ênfase: aprender – ao longo da vida – é tornar, por intermédio da relação, tudo o que já sabemos, mais simples e mais útil. Com o bebé, passa-se o mesmo.... Sendo assim, mentalizar está um degrau acima de reflectir (do funcionamento reflexivo), e um degrau abaixo de simbolizar. A *simbolização* será a função superior que envolve a ligação de diversas representações, e representa a relação entre o símbolo (um pensamento) e o simbolizado (aquilo em que se está pensando), mediado por um self que interpreta.

Em resumo, o bebé tem uma actividade pulsional, um funcionamento reflexivo, mentaliza e constrói espaços potenciais, antes de simbolizar.

Quaisquer um destes degraus depende um espaço de encontro: espaço transitivo (Winnicott) ou espaço potencial (Odgen). Isto é, áreas da relação que não sejam nem o fora nem o dentro de cada um e que, preservando a autonomia do bebé e da mãe (ou de outros dois partners), permitam a vinculação e abram a relação para «estados de adptabilidade evolutiva» (como referia Bowlby). Como veremos a seguir, a unidade originária, tal como refere Perez Sanchez, aproxima-se deste conceito. Em quaisquer circunstâncias, «a abertura de espaço potencial é um solo fértil para cultivar o funcionamento reflexivo. (...) Quanto mais o funcionamento reflexivo está disponível e activo (...) maior a probabilidade de o espaço potencial se desenvolver» (Bram e Gabbard, 2003).

Concluindo este ponto: a intuição do bebé transforma-se em clarividência quando existe um espaço transitivo que a agilize. [Cumpre-se a evolução, que nunca procura a homeostase mas que casa a complexidade (sempre crescente) com a simplicidade]. Mas só as relações de comunhão (porque incentivam a transparência e, portanto, fazem com todas as diferenças convivam e se harmonizem) nos regeram e são redentoras.

Como podemos compreender que haja bebés que, apesar de competentes, para a relação, nasçam deprimidos ou ansiosos? Como poderemos compreender que, depois de experiências de comunhão, algumas crianças pareçam tolerar inúmeros maus-tratos ou privações e, ainda assim, permanecerem determinadas para apelar à relação? Será a resiliência uma qualidade de um bebé ou de uma relação? Como se constrói essa resiliência será o que tentaremos ver. De seguida.

2.

A comunhão

Mediante esta competência mental inata, como poderemos compreender a relação precoce? Como Freud, quando em "O futuro de uma ilusão" fala de um sentimento oceânico, equiparável a uma sensação de eternidade, ou a um vínculo indissolúvel (que faz com que o bebé se sinta, como um todo, como um ser uno com o mundo externo)? Não. Ao contrário de Freud, afirmo que um bebé, dentro da mãe tem, não só liberdade de movimentos (como sugere Piontelli, 1995) mas, autonomia mental. Daí que em 1992 tenha falado de uma *posição uterina* no desenvolvimento precoce, anterior a todos os estádios do desenvolvimento psíquico tradicionais, habitualmente descritos no bebé, e anterior a uma presumível psicose congénita (a propósito da posição esquizo-paranóide ou da fase de autismo normal, tal como o referiam Klein ou Mahler, respectivamente). O que pretendo dizer-vos é que a pré-história da vida mental não será o corpo mas a relação mental de comunhão que desempenha uma função placentária que sustenta todo o desenvolvimento. O que eu queria dizer – e, nessa altura, porventura não consegui – era que as experiências de comunhão feto-mãe, longe de representarem um sentimento oceânico (ou uma indiferenciação), são o garante da vida mental. São as experiências de comunhão que nos dão vida, como são elas quem promove a transformação. [Muitas pessoas tiveram, como única experiência de comunhão, a relação uterina com a mãe. Menos pessoas, o prolongamento dessa relação, do útero da mãe para os braços dos pais, sempre que eles podiam ser o berço que vai do brilho dos olhos ao fundo da alma. Menos, ainda, tiveram, como terceira experiência de comunhão, a relação de encantamento, ao darem colo. Ainda menos, a tiveram num amor maduro. Mas todas essas pessoas procuram na comunhão um sentido para a vida. Mesmo quando a negam ou a denegam].

Direi, pois, que a vida mental é um percurso que vai da comunhão à comunhão. Que vai das experiências de comunhão (mãe-feto ou bebé) às tentativas de a reconquistar, de a reconstruir e de a refruir (cujo o equivalente, na idade adulta, não é a paixão mas a experiência, recíproca, de amor maduro). Não há, pois, comunhão sem autenticidade, sem transparência e sem liberdade (no sentido de a minha liberdade começar onde começa a do outro). E a própria experiência psicanalítica só será um *new begining* (como a refere Balint) se for uma consensualidade de contra-transferências. Isto é: comunhão. (Mais do que empatia, a intuição será a experiência de comunicação que ressalta das experiências de comunhão e a confiança básica, a que se referia Erickson, uma das consequências que promove).

Será a comunhão indiferenciação (tal como a descreve Mahler quando afirma que «o bebé dentro do útero materno tem de si e do que o rodeia a ideia de um todo fusionado e indissociável)? Não. Comunhão é o contrário de indiferenciação. Do mesmo modo que não há autonomia sem vinculação (e o contrário), não há comunhão sem autonomia. Sendo assim, é a comunhão que sustenta o gesto espontâneo, que Winnicott associa ao verdadeiro self. Do mesmo modo, serão as experiências de comunhão que viabilizam a fé. Os actos de fé: experiências de conhecimento, inacessíveis à dúvida, que são a antítese da coisa-em-si que representa a defesa psicótica. (Como fui afirmando, é a decepção cumulativa dos apelos de apego que sedimenta a avidez hegemónica de certezas, na psicose).

Por outro lado, é porque, na doença psíquica e, em particular, na psicose, as experiências de comunhão são mediadas pela decepção que a proximidade é sinónimo de confusão. É por isso que, na psicose, em lugar da comunhão, como experiência de sabedoria, a defesa contra a comunhão toma a proximidade como incorporação. É, ainda, por isso que a relação de objecto, na psicose (como afirmo há anos) se torna uma relação siamesa (sem autonomia e desvinculativa); onde a aspiração à ruptura da relação patogénica (e as fantasias de triunfo, sobre o desmantelamento que promove) traz consigo a ameaça de uma retaliação paranóide de morte (que sustenta o impasse esquizóide).

A questão que se poderá colocar é se a comunhão será uma relação a dois ou a três... Retomemos a noção de Unidade Originária, de Perez Sanchez e Núria Abelló. Resumidamente, o conceito representaria o estado dinâmico, primitivo, em que mãe, pai e bebé estão unidos, sendo este estado a base do pensamento. A unidade originária é uma ideia que supõe autonomia e intencionalidade e seria, desde o princípio da vida, uma triangulação... objectal. Parece-me uma ideia que se adequa ao que venho dizendo. E exactamente oposta à noção de Tríade Narcísica (como a referia Grunberger), que representaria uma posição narcísica a três: o sujeito é amado pelos dois pais ao mesmo tempo, de uma forma narcísica e fusional, sem conflito (representando, no contexto analítico, o analista a projecção e a condensação dos dois pais). Retomando o que afirmava de início, a unidade originária cria o espaço potencial e viabiliza a simbolização. Repito-me: «a abertura do espaço potencial é um solo fértil para cultivar o funcionamento reflexivo. (...) Quanto mais o funcionamento reflexivo está disponível e activo (...) maior a probabilidade de o espaço potencial se desenvolver» (Bram e Gabbard, 2003). Será, então, a comunhão uma relação a dois ou a três?... A comunhão é uma relação a três dimensões entre duas pessoas. A unidade originária uma relação a duas dimensões entre três pessoas.

3.
Amor sem objecto

Estou, portanto, a dizer-vos que – ao contrário do que se foi afirmando desde Abraham, Klein ou Bion – o desenvolvimento precoce não pressupõe o ódio como experiência primária. Quem o afirma talvez nunca tenha lidado com grandes prematuros, nunca tenha cativado a atenção de um bebé quando chora, ou não tenha sido, simplesmente, pai ou mãe. O que estou a dizer-vos é que o bebé é, desde sempre, competente para a vinculação. Melhor: para a comunhão. (Tanto assim é que há recém-nascidos que, ao inibirem o reflexo inato de sucção, evitando o seio, desconfiam da mãe. E sempre que os colocamos ao peito de outra mulher, mamam, de forma espontânea). Deste modo, a mãe é, desde sempre um objecto total de relação. Tornar-se-á um objecto parcial se, em consequência das decepções aos seus apelos (ou dos seus maus-tratos), o bebé tiver de a clivar em boa e má mãe (nunca, em bom ou mau seio!) como forma fazer por sobreviver à dor que ela lhe traz.

Façamos uma breve digressão a propósito do pintor Giovanni Segantini, que mereceu um profundo estudo de Abraham. Para este autor, o ódio reprimido poderia ser substituído pelo seu oposto, a bondade excessiva (dando outro entendimento à luta entre o amor e o ódio – mais tarde chamada ambivalência – que é discutida, por Freud, em O Homem dos Ratos). (A bondade excessiva seria uma formação reactiva ou uma formação de compromisso diante do ódio reprimido.) Mas, e de início? Como será, de início, a vida mental do bebé? Depois de Freud, a vida mental do bebé é tomada como se a existência de impulsos odiosos e destrutivos fosse uma realidade mais ou menos aceite e em paridade com as manifestações amorosas.

Ora, aquilo que postulo é o contrário. O bebé é um ser eminentemente vinculável. Que pensa com intencionalidade e que dá colo sempre que recebe colo. E o ódio é secundário à decepção cumulativa dos apelos de amor. Ainda assim, o ódio é um apelo que resulta do amor, tendencialmente, sem objecto. Aquilo que vos digo é, portanto, que a doença mental traz consigo, sempre, a depressão; isto é, decepções cumulativas dos apelos de amor (o que dói mais numa dor é a forma como ela põe a nu a impotência, das pessoas a quem nos confiávamos para a resolver). Se tais decepções não tiverem reparação, alastram, como metástases, e mortificam os recursos saudáveis do bebé.

Por outras palavras: aquilo a que temos chamado psicose, no bebé (como na psicopatologia do adulto), é a defesa maníaca contra o quase-nada objectal que é a melancolia. Como reparam, ao contrário do que postula Abraham. [Para Abraham, por exemplo, a depressão resultaria de um investimento libidinal onde predominaria o ódio, desejo de vingança e de morte dirigidos à mãe (May, 2003). «A incorporação depressiva do objecto seria predominantemente um impulso (destrutivo) (…)» (ibid.).] Aquilo a que Abraham chama melancolia, talvez se aproxime do que Coimbra de Matos chama estrutura depressiva (e, no fundo, é uma formação de compromisso entre os apelos ao apego e o ódio, perante a sua decepção). Já aquilo a que eu chamo melancolia é um quase-nada objectal: um amor sem objecto, que resulta da decepção cumulativa dos apelos ao apego, que desvitaliza e mortifica. Um amor que definha (à falta de pessoas, à falta de objectos) sem comunhão. Por outras palavras: debaixo de qualquer psicose está a melancolia. Os sintomas de ódio, nos psicóticos, são apelos, pela denegação, à comunhão. E será ela o ponto nodal do trabalho psicoterapêutico com psicóticos. (Talvez Abraham não tenha percebido as diferenças entre querer morrer e não encontrar motivos relacionais para estar vivo.).

4.
A regressão

Mas, então, como poderemos compreender as diversas experiências onde crianças muito doentes reclamam querer voltar para dentro de nós? Ou a forma como crianças autistas procuram a água e se envolvem nela, parecendo retomar uma posição fetal? Será a experiência com o útero acéfala? Como podemos entender a regressão?

Será esta uma regressão patológica, no sentido de algo que sobrevém ao ego? Não. Se fosse assim, a regressão seria um *processo passivo*, para o qual o ego se vê arrastado, quando não pode enfrentar uma determinada situação.

Será uma regressão ao serviço do ego, um processo activo que o ego promove e dirige, de forma a enriquecer-se com as contribuições do processo primário? [*Etchegoyen* (1986) metaforiza com um campo de batalha em que por vezes, "há uma manobra táctica de retrocesso para atacar de outra forma ou para que o outro lado cometa algum erro".] Talvez. Esta perspectiva útil do conceito de regressão é diferente da defendida por *Winnicott*, fundamentados na sua prática clínica com doentes psicóticos. Para este autor, «o único movimento real de regressão dá-se em presença de um ambiente do tipo maternante compensador das falhas e das carências do ambiente precoce. Define-se, assim, uma nova forma de regressão: a regressão à dependência (que se manifesta na actividade com o terapeuta). A regressão à dependência significa, portanto, «(…) o retorno a uma fase do desenvolvimento em que esta necessidade não foi preenchida e o ambiente pode então ajudar o sujeito a retomar a partir daí um desenvolvimento.»

Já para Bion, «por ocasião de uma psicotização mental, o adulto regride a condições muito parecidas às da vida fetal, isto é, não consegue pensar e, muitas vezes, age sem ter se preparado para isso, por meio do pensamento. O excesso de emoções e sensações, na situação psicótica, é muito parecido com o que acontece, normalmente, na situação intra-uterina» (Resende, 1995). Não me parece: a agitação psicótica é uma defesa contra o definhamento amoroso. Como também não concordo com Piontelli (1995) quando afirma: alguns dos meus pacientes mais "regredidos" pareciam estar vivendo como se ainda estivessem num estado não-nascido, fechados dentro de um "ventre mental" e que ficavam quase totalmente impenetráveis à vida no mundo externo. Mas voltarei, mais tarde, a este tema. Espero que não só daqui a 20 anos...

5.
Da comunhão à comunhão

Em resumo:

Disse-vos que o bebé é instintos e impulsos. Disse-vos que ele tem uma actividade mental básica, que lhe permite ter autonomia, quer no modo como integra o corpo e a mente, como na forma como se protege.

Disse-vos que não é verdade que, no início da vida extra-uterina, a actividade mental seja arcaica e rudimentar e, muito menos, não é verdade que sejam estados, sobretudo, dominados pela filógenese. São, antes, estados matriciais que organizam e alicerçam todo o desenvolvimento posterior.

Disse, também, que o funcionamento mental se caracteriza por um funcionamento reflexivo, pela capacidade de mentalizar e pela necessidade do bebé encontrar, no espaço da relação, áreas da relação que, preservando a autonomia, abram espaço para a vinculação.

Disse-vos, ainda, que a pré-história da vida mental não será o corpo mas a relação de comunhão mãe-bebé, desde o útero, que desempenha uma função placentária que sustenta todo o desenvolvimento. Que permite perceber o crescimento como um processo que vai da comunhão à comunhão. Será esta a odisseia do bebé. ...Como de todos nós.

Bibliografia

Cyrlunik, B. (2006) *De cuerpo y alma*. Barcelona: Gedisa Editorial.
Etchegoyen, (1989). *Los fundamentos de la técnica psicoanalitica*. Buenos Aires: Amorrotu Editores.
Lacan, J. (1964). The parcial drive and its circuit. The Seminary, XI. *The Four Foundamental Concepts of Psychoanalysis*. London: Hogarth, 1977.
May, U. (2003). O conceito de Abraham sobre a "mãe má". *Livro Annual de Psicanálise*, XVII (141-162).
Penot, B. (2003). O circuito pulsional como gerador de subjectivação. *Livro Annual de Psicanálise*, XVII (65-76).
Rezende, A. (1995). *Wilfred R. Bion: uma psicanálise do pensamento*. São Paulo: Papirus.
Spillius, E. (2003). O conceito de fantasia em Freud e Klein. *Livro Annual de Psicanálise*, XVII (235-247).

Capítulo 4

ALGUMAS NOTAS SOBRE
A MATERNALIDADE E O DESAMPARO

Da comunhão ao descuido

... algumas notas sobre a maternalidade e o desamparo

1.
Um produto, incalculável, do acaso

Afinal, bem vistas as coisas, o Homem é um acidente da Evolução. Se formos até aos 100 milhões de espermatozóides (de cada ejaculação dos nossos avós) e ao milhão de óvulos, que cada uma das nossas avós terá produzido nas suas vidas, e fazendo um cálculo semelhante para os nossos pais, a probabilidade das mesmas duas minúsculas células, de que resultámos, se terem (*a priori*) encontrado terá sido de 1 para 10 seguido de 1449 zeros. O que nos dá a deliciosa sensação de sermos uma completa improbabilidade, uma coincidência ou, se preferirem, um produto – incalculável! – do acaso.

Um nível de insignificância tão exuberante teria merecido – daqueles que combatem o acaso com muitos números e a psicanálise com irrebatíveis métodos quantitativos – a desistência diante de quaisquer veleidades de sermos criados a partir de duas células tão banais. Mas tanto acaso confere a cada um de nós, desde o princípio, o privilégio – mais ou menos divino – de existir ao "arrepio" de todas as probabilidades. Diante de milhares de milhões de hipóteses (igualmente credíveis) de um outro incauto espermatozóide vir a produzir alguém diferente (e, porventura, melhor do que nós), somos enviados para o mistério de existirmos porque alguém – Deus, por exemplo, ou o amor dos nossos pais – teria dado uma "ajuda". Tal como acontece com os apaixonados, que vêem em cada coincidência um sinal de que nada acontece por acaso. Por outras palavras, estando abrangidos por aquela fatalidade biológica que prevê que «nada se cria, nada se perde, e tudo se transforma», o acaso arranjou-nos este imenso trabalho de sermos levados a imaginar que, apesar de abrangidos pelas "leis" da Natureza, a vida seja mais... do que um "contrato de habitação periódica" que alguém tenha feito connosco.

É claro que, sempre que a estranheza diante do mundo começa na estranheza de não nos reconhecermos em quem vive dentro de nós, o "mistério da vida" transforma-se num enigma incalculável. O que talvez nos permita perguntar se o enigma da esfinge não poderá, hoje, ser compreendido como: «desvenda quem te desvende... ou a morte devorar-te-á».

2.
O descuido e o desamparo

Seria estranho que, neste universo de cálculos tão avantajados, um bebé resultasse sempre do planeamento esclarecido dos seus pais. Por mais que a Ciência nos tenha ajudado a conhecer os mistérios da reprodução, a maioria das gravidezes são acidentais e, dessas, uma parte esmagadora indesejada. Com tantos acidentes de permeio, como poderemos ser mães sem que, bastas vezes, sejamos surpreendidos por ocorrências acidentais? E como é que um bebé pode ser o arquitecto das competências maternais?

Serão "científicas" as mães que, meticulosamente, ponderam todos os seus gestos, como se os pretendessem estandardizar? Provavelmente. Mesmo que, nalguns dos seus actos, por exemplo, levem a sua "ciência" até à exigência de regras de uma assepsia tal que o manuseamento, por terceiros, do seu bebé se faça com a protecção de máscaras ou de luvas, como se, não sendo delas, os actos dos outros, que o tomem como protagonista, fossem objecto de uma angústia paranóide. De uma forma mais esbatida, são, também, estas mães – científicas... – quem tenta blindar as suas angústias com a opinião dos psicólogos, dos pediatras, ou dos educadores, como se um corpo técnico substituísse uma família. No fundo, a bi-facialidade destas mães (fazendo uso, daqui por diante, deste conceito de Coimbra de Matos) faz com que a autonomia dos filhos seja mediada por angústias de separação como se o estranho ameaçasse a consistência (e a sobrevivência) d'O Objecto no bebé. Em jeito de parêntesis, o que vos estarei a dizer, por outras palavras, é que a angústia de separação de uma criança encobre a angústia paranóide que a mãe projecta para dentro do filho e que ele expressa. E que, no limite, é uma forma desta se imaginar irrelevante e desprezível sempre que o bebé a rivaliza com estranhos. Imagino tendencialmente assim estas mães...

Por outras palavras, associo – de um modo espontâneo – a ideia de "mãe científica" aquelas mulheres que referenciam os mais ínfimos pormenores do Boletim de Saúde dos seus filhos embora reajam em pânico sempre que eles choram. Isto é, entendo esta "mãe científica" como a forma de alguém que, não se sentindo a reunir competências para ser mãe – e, portanto, descuidando e desamparando – as importa (como falso-self) de fora para dentro. Mesmo que, com isso, os seus gestos se clivem entre "uma parte de si" que tenta, pela racionalidade, acolher o filho e, outra, que ora é atenta ora descuida e desampara. Reenvio-vos (como notam) para a bi-facialidade de que vos falava.

Como se manifestam estas mães diante de uma gravidez, por exemplo? Na maior das vezes, tomando – no mais fundo de si – o bebé como estranho ou como intruso e, noutro plano, como a redenção dos seus pais interiores, mortificados e depressígenos. Como se só encontrassem reparação, logo que ela-mãe se transforme no objecto ideal do seu bebé.

3.
Onde o corpo se casa com a mãe

Mas pode a mãe ser o elemento que diferencia a vida e a morte, num bebé? Pode.
De que forma, é o que proponho que vejamos a seguir.
Repito que as mães não são necessárias para o desenvolvimento dos bebés. É claro que, ao afirmá-lo, pretendo ser, simplesmente, enfático ao chamar a ciência para contestar uma visão psicanalítica mais tradicional dos bebés, como se fossem pouco mais do que um tubo digestivo com um encéfalo acoplado, ideia que desencadeou formulações como as de Mahler (quando falava, a propósito dos primeiros meses do desenvolvimento extra-uterino, de uma fase de «autismo normal»), de Klein (quando se referia a uma psicose congénita no desenvolvimento, a que chamou posição esquizo-paranóide), ou de Bion (quando falava dos elementos β do bebé), e que hoje me parecem um absurdo. Quer isto dizer que as mães representarão um adereço ou um acrescento supérfluo para os bebés? Também não. Representam uma "mais valia", assim elas se consigam adequar às competências dos bebés... Mas podem distorcê-las – e desencontrarem-no de si – logo que tentam domesticá-lo, rigidamente, com as suas. Não poderei estar a valorizar, em excesso, as competências dos bebés? Não estou. E, tentando demonstrar que os bebés são tanto corpo como pensamento, proponho-vos que recuemos aos seus "antepassados": os fetos (recordando o meu trabalho "A Maternidade e o Bebé", que citarei de seguida) para as podermos entender melhor:

Com doze semanas, o feto pesa, sensivelmente, quinze gramas, e mede sete centímetros e meio. Já faz caretas, franze a testa, esfrega os olhos, chupa o dedo, engole líquido amniótico, e dá alguns "passos". O início da actividade onírica acontece por essa altura. Á 18ª semana, surgem os primeiros movimentos intencionais [Piontelli (1995), mencionando os estudos de De Vries]. Verificam-se movimentos – simultâneos e coordenados – de várias partes do corpo, e observa-se a elevação dos braços e o alargamento dos cotovelos, flexão do antebraço, ligeira curvatura dos pulsos e flexão dos dedos e das mãos, normalmente posicionadas ao nível do queixo ou dos ombros. E durante o segundo trimestre, o feto «tanto flutua de forma aprazível, como dá pontapés vigorosos (...) suga o seu polegar, os dedos dos pés, agarra o cordão umbilical, fica excitado com barulhos súbitos, acalma-se quando a mãe lhe fala suavemente e adormece quando esta se passeia» [Mause (1992), citado por Chamberlain, 1995)]. Demonstra movimentos faciais expressivos (Robinson & Smotherman, 1988) e chora quando magoado por manobras obstétricas.

Como se vê, aquilo que os autores da psicanálise – por quem temos admiração e respeito – simplesmente intuíam, é que «é tão forte a influência da mãe sobre o feto que um sentimento absoluto de rejeição, ou uma dor profunda, pode levá-lo à morte» (Bonomi, 2002). Nem sabiam que o stress ou a depressão da mãe pode «afectar fisiologicamente o feto» (Sá, 2004).

Esses autores relevantes da psicanálise não sabiam – por mais que o intuíssem, em inúmeras passagens das suas obras – que a vida intra-uterina não é, sobretudo, biologia, e que este "antepassado" do bebé é «um ser inteligente e sensível, que apresenta traços de personalidade próprios e bem definidos, sendo dotado de uma vida afectiva e emocional, estando em comunicação empática e fisiológica com a sua mãe pré-natal, captando os seus estados emocionais e a sua disposição afectiva para com ele...» (Wilheim, 2002).

Haverá, então, e partindo do feto, um estado mental mais ou menos rudimentar no bebé? Não! E... haverá mãe?... Talvez também... não. Isto é, tentando pensar a ideia de função α, de Bion: ela talvez não seja a função da mãe diante das competências arcaicas do bebé, mas a função que estrutura uma relação em que *mãe e bebé* se acolhem e se elaboram numa reciprocidade onde, o ritmo de um e o de outro se compatibilizam num estado de transparência e de comunhão que funda o desejo de vida e a fé no amor. A função α será, por outras palavras, o produto de duas contra-transferências que se encontram num mesmo gesto espontâneo de transparência.

4.
O Inconsciente como fronteira

Aquilo que, até há poucos anos, parecia ser, no bebé, corpo, hoje é relação. A compreensão do desenvolvimento precoce tem de acolher aquilo que o conhecimento, hoje, nos permite saber, para repensarmos algumas nuances da compreensão psicanalítica do desenvolvimento. Por outras palavras, a compreensão psicanalítica não pode ser uma «mãe científica» que esbata as angústias dos psicanalistas, diante do estranho ou do novo, barricada num conjunto de conceitos que não suportem um confronto crucial na relação com outras disciplinas do conhecimento (como se elas traíssem o amor à psicanálise, sempre que as olhamos ou as pensamos). Foi, aliás, esse «amor à verdade» que nos terá aproximado, a todos, da psicanálise.

Olhemos para o sistema nervoso do bebé. A partir dele, fica claro que as emoções são o verdadeiro mecanismo de defesa do psiquismo.

Tentando simplificar... O sistema nervoso não precisa de uma cabeça que "puxe" por ele. Pensa sozinho. Isto é, processa, continuadamente, informação, e recombina (a cada segundo) o vivido com a informação esquemática com que compacta a experiência, na memória, num trânsito permanente («rio acima, rio abaixo») entre níveis mais arcaicos e planos mais elaborados do sistema nervoso. Por outras palavras, ao contrário do que estaria subjacente a uma visão mais ou menos positivista – associada a algumas compreensões de Freud (e de grande parte da psicanálise, desde aí) – a racionalidade não pode ser "o cão de guarda" da biologia nervosa. Sendo assim, a saúde psíquica está, intimamente, associada à convivência, no plano do simbólico como no da relação humana, destes diferentes níveis – arcaicos e elaborados – do sistema nervoso É por isso que o inconsciente é consciência. É por isso que o inconsciente, mais do que a fronteira entre o corpo e a mente, será corpo e mente compatibilizados na relação com as pessoas e com a vida. Doutra maneira, o inconsciente da psicanálise será toda a consciência que fica aquém das verbalizações (incluindo-as a elas). Por outro lado, a noção de inconsciência é incompatível com a de sistema nervoso. Por mais que o produto do funcionamento nervoso pareça não aceder à consciência, sistema nervoso é consciência e, (como o produto, espontâneo, das emoções na mediação nervosa, são as imagens mentais) consciência é imaginação. E, ainda, em "estado natural", consciência é comunicação. Indo mais longe que Meltzer, não será a mente mas o sistema nervoso que é uma função geradora de metáforas.

Em termos da biologia nervosa, relação e sistema nervoso arquitectam-se um ao outro. Isto é, se se forma um ecosistema, onde a relação beneficia o sistema nervoso, e este a modula (sem a reprimir), o desenvolvimento aprofunda-se: *haverá consciência e imaginação*. Sempre que a relação, na ânsia de formatar os diversos níveis do sistema nervoso, o domestica e estrangula, o desenvolvimento é suspenso. *Haverá um silêncio recíproco entre o corpo e as palavras que dá lugar à doença*. Será esse silêncio que uma «mãe científica» poderá promover.

5.
Corpo, psicose e melancolia

O desencontro entre a vida nervosa (a consciência) e a relação, provoca estados intermediários de angústia ou de agitação – nos fetos, nos bebés e nas crianças – onde quem não se sente entendido torna, de início, os seus apelos mais exuberantes e incontornáveis... Mas, quando os constrangimentos à vida nervosa são massivos, quem deveria ser uma janela de oportunidade para a expansão e para a procura de níveis de complexidade crescente, no desenvolvimento, transforma-se no seu primeiro obstáculo. *E temos o silêncio (e a doença)*.

Sempre que os ritmos da mãe e do bebé se adequam, sem constrangimentos para ambos, estaremos no âmbito do que Winnicott chama uma área transiccional (a sua noção de ilusão parece-me infeliz) ou do que Bion descreve como uma função de rêverie. *E, aí, temos a melodia (e a vida)*. Então, nessas circunstâncias, para o bebé e para a sua mãe, a verdade serão duas contra-transferências que se expandem na mesma transparência e numa mesma comunhão. Tal como deverá acontecer noutra relação amorosa ou numa relação analítica.

Mas se, em consequência de um objecto depressígeno, em vez de corpo e mente construírem uma harmonia melódica, prevalecer entre eles (e, neles, com a vida à sua volta) o silêncio, isso faz com que, em vez de um pensamento, o pensamento do corpo e o pensamento nas palavras se tornem inconciliáveis, constituindo estados psicóticos. Estados, repito. Silêncios recíprocos que necessitam da maternalidade de alguém que os acolha e os transforme. Mas se, em vez da maternalidade, surgir uma «mãe científica», a verdade de cada técnico, acerca do seu bebé, é um falso-self com que ela se protege da dor de não aceder à comunhão com ele.

Á medida que a mãe científica ou bi-facial, em vez de arquitectar e expandir as competências, as compromete e desvitaliza, gera-se – no bebé – um síndrome de imunodeficiência adquirida (em que as emoções, no lugar de serem o verdadeiro sistema imunitário da vida mental e da vida biológica, se viram contra elas). Chega-se a esta imudodeficiência adquirida quando os olhos da mãe deixam de ser a janela com que o bebé vê o mundo e se vai transformando na cortina que o separa dos dois. É esta passagem da mãe, de objecto potencial de comunhão a "quase-nada objectal", que coloca as palavras e o corpo a defenderem-se um do outro, e os dois da vida.

Esta bifacialidade da mãe gera o descuido e o desamparo que geram dor. Se a dor encontra na mãe um objecto pensante que a integre na relação e a aprofunde, chegamos à posição depressiva e à expansão da função simbólica (isto é, da capacidade de pensar). Se a dor não a encontra aprofunda-se o descuido e o desamparo. Descuido e desamparo cumulativos levam-nos da tristeza ao abandono. E do abandono a um núcleo melancólico que transforma as emoções e os sentimentos (o verdadeiro sistema imunitário do psiquismo) num recurso que, em vez de crescer, em complexidade, na relação, se vira contra a vida mental. Ao virar-se contra as emoções, que protegem a vida, este núcleo melancólico ataca as emoções (a vida), assumindo-se como a base de uma patologia auto-imune. É a esta doença auto-imune emocional a que poderemos chamar melancolia. E é este núcleo melancólico que está por dentro da psicose: isto é, a psicose é uma defesa de vida contra a desvitalização melancólica do objecto (com que a mãe alimenta, a sua desvitalização, gerando-se uma ligação siamesa entre mãe e bebé, não podendo passar um sem o outro e sentindo, cada um, o outro como o primeiro obstáculo à sua autonomia).

Pode esta desvitalização melancólica ser mortificante? Sim, sem dúvida. Funcionará essa desvitalização melancólica como metástases que absorvem e silenciam os recursos de vida de um bebé? Claro. Será este quase-nada objectal mortificante e cancerígeno? Sim. Mesmo num plano físico? Pois é...

6.
As fronteiras do desenvolvimento

Disse-vos, em síntese que:

- aquilo que, dantes, parecia ser, sobretudo, corpo no bebé é, hoje, relação;
- as emoções são o primeiro mecanismo de defesa da biologia;
- o sistema nervoso é consciência, imaginação e comunicação, onde a relação modula o corpo e o sistema nervoso;
- a função α, de Bion, não será a função da mãe diante das competências arcaicas do bebé. Mas a função que estrutura uma relação em que mãe e bebé se acolhem e se elaboram numa reciprocidade onde, o ritmo de um e o de outro, se compatibilizam num estado de transparência e de comunhão que funda o desejo de vida e a fé no amor;
- à medida que uma mãe científica – ou bi-facial – em vez de arquitectar e expandir as competências do bebé, as compromete e absorve, gera-se (entre os dois) uma desvitalização melancólica, semelhante a um síndrome de imunodeficiência adquirida, que faz com as emoções e que os afectos, em vez de crescerem em complexidade com os apelos da vida, se virem contra a vida;
- e que este núcleo melancólico – este quase-nada objectal (em que a vida de um bebé se transforma) – está por dentro de todas as psicoses, e que a psicose é uma defesa de vida contra

a desvitalização melancólica. O que, em vez de conferir, ao bebé, desde o princípio, o privilégio – mais ou menos divino – de existir ao "arrepio" de todas as probabilidades, o leva a sentir a mãe como alguém que não o desvenda. E, por isso, em vez do namoro com a vida, o leva a senti-la como "científica", esfíngica e perturbadora, onde a probabilidade de cada um dos dois ser a janela com que se abrem para a vida, se transforme numa improbabilidade maior, ainda, do que aquela – já de si incalculável – com que (...vá-se saber com a ajuda de quem...) nos transformámos num acidente da Evolução... a partir do qual nos imaginamos, quase sempre, capazes de "fintar" o acaso.

Bibliografia

Bonomi, A. (2002). *Pré-natal humanizado: Gerando crianças felizes*. São Paulo: Atheneu.
Bydlowski, M. (1995), «La relation fœto-maternelle et la relation de la mère à son fœtus», in Lebovici, S., Diatkine, R., & Soulé, M. (eds) *Nouveau Traité de psychiatrie de l'enfant et de l'adolescence*, pp. 1881 - 1891, Paris, PUF.
Chamberlain, D. (1995), «La psychologie du fœtus», in Lebovici, S., Diatkine R., & Soulé, M. (eds) *Nouveau Traité de psychiatrie de l'enfant et de l'adolescence*, pp. 263 - 278, Paris, PUF.
Edelman, G. M. (1995). *Biologia da Consciência: as raízes do pensamento*. Lisboa: Instituto Piaget. (Obra original publicada 1992)
Hepper, P.G. (1989). Fœtal Learning: Implications for Psychiatry? *British Journal of Psychiatry*, 155, 289 - 293.
Klaus, M. & Klaus, P. (2001). *Seu surpreendente recém-nascido*. Porto Alegre: Artmed. (Obra original publicada 1998)
Liaudet, J.-C. (2000). *A criança explicada aos pais [segundo Dolto]*. Cascais: Pergaminho. (Obra original publicada 1998)
Mancia, M. (1981). On the Beginning of Mental Life in the Fœtus. *International Journal Psycho-Analysis*, 62, 351 - 357.
Piontelli, A. (1995). *De feto a criança*. Rio de Janeiro: Imago. (Obra original publicada 1992)
    Querleu, D. (1995), «La sensorialité prénatale», in Lebovici, S., Diatkine R., & Soulé, M. (eds) *Nouveau Traité de psychiatrie de l'enfant et de l'adolescence*, pp. 247-252, Paris, PUF.
Righetti, P. L. (1996). The emotional experience of the fetus: a preliminary report. *Pre- and Peri-Natal Psychology Journal*, 11 (1), 55 - 65.
Robinson, S. R. & Smotherman, W. P. (1988). *Behavior of the Fetus*. Caldwell, New Jersey: The Telford Press.

Sá, E. (2001). *Psicologia do feto e do bebé*. Lisboa: Fim de Século.
Sá, E. (2004). *A maternidade e o bebé*. Lisboa: Fim de Século.
Soulé, M. (1999). La vie du fœtus. Son étude pour comprendre la psychopathologie périnatale et les prémices de la psychosomatique. *Psychiatrie de l'enfant*, XLII (1), 27-69.
Souza-Dias, T. G. (1999). *Considerações sobre o psiquismo do feto* (2ª ed.). São Paulo: Escuta.
Wilheim, J. (2002). *O que é psicologia pré-natal* (3ª ed., ver.). São Paulo: Casa do Psicólogo.

Capítulo 5

O SISTEMA IMUNITÁRIO DA MENTE

1.
Os Mecanismos da mente e o Aparelho de Pensar

Fui-me referindo, ao longo deste livro, à sensibilidade como a base da integração mental. E à imaginação «como uma capacidade de tornar presente o ausente, através do recurso à criação de imagens significadas, com semelhanças ao objecto real (...)». A formação de imagens convive com as emoções e já supõe uma actividade pensante que, ou promove juízos espontâneos (a que podemos chamar ideias) que resultam da auto-organização cerebral que vão na direcção da integração mental e da memória, ou desbloqueiam reacções autonómicas de stress.

A sensibilidade e a imaginação representam movimentos de síntese mental, que fica aquém da função simbólica: sem representação a vida mental ficaria condenada ao imobilismo dos reflexos ou às flutuações do estímulo-resposta. Em diversos momentos distingui esta produção espontânea de imagens do sistema nervoso da noção de fantasia (no singular). E chamei a atenção para a fantasia como uma cascata de episódios e de enredos simbólicos que orbitam no psiquismo, de forma espontânea, e que aguardam um pensador que re-ligue tudo com tudo.

Não há fantasia sem imaginação, nem função simbólica sem fantasia. Haverá como ter imaginação sem fantasia? A meu ver, sim. A imaginação supõe a auto-organização espontânea do sistema nervoso (de onde resultam as ideias, o deslocamento e a integração). Se as emoções despertam stress originam um longo percurso de metabolismo do sofrimento que culmina nas estruturas psicopatológicas. As estruturas psicopatológicas representam um nível de reacção do psiquismo ao sofrimento já muito adiantado.

Ainda assim, e voltando a repetir-me, é importante compreender que o sistema nervoso é, em 99,8%, sistemas de ligação. Liga tudo com tudo. Sendo assim, no seu estado natural, o sistema nervoso é competente para a re-ligação e dispõe, como competências espontâneas para pensar, da atenção, da intuição e da inteligência. Atenção, sensibilidade, intuição e inteligência representam duas consciências compatibilizadas uma na outra. Estas competências espontâneas para pensar podem tornar-se mais complexas se foram enriquecidas por um Aparelho de Pensar que, de forma intencional, liga, analisa, sintetiza e integra informação, com o auxílio dos objectos da relação. Por Aparelho de Pensar (retomando Bion) entendo a Sensibilidade, a Imaginação, a Fantasia, a Função Simbólica e os Actos Empreendedores mobilizadas pela relação de objeco. Se os formularmos, numa síntese, os mecanismos mentais podem ser tomados como aquilo que viabiliza a fantasia. Por outras palavras: atenção, intuição e memória são, em conjunto, fantasia. Mas como se irão manifestar, diante dum sofrimento, agudo ou crónico, estas competências mentais? Tentemos compreendê-las no âmbito de um esquema de síntese.

Sensibilidade
(Uma emoção é uma reacção psicofiológica rápida, que se desencadeia numa fracção de segundo, não durando mais do que breves minutos.) As emoções organizam-se, espontaneamente em imaginação.

↓

Imaginação

(produção e recombinação de imagens) → Ideias → Intuição e Memória associados a Emoções
Conduz às ideias ou ao stress ↘

SNA (Stress) → Recalcamento → Condensação
↓ Mecanismos de Defesa

Pânico
Terror (exp. de quase-morte)
Estados Psicóticos
(Vários estados psicóticos organizaram-se numa Parte Psicótica de personalidade
Prevalência da Parte Psicótica sobre os Recursos saudáveis → Estrutura Psicótica)

Ou promovem formas pré-simbólicas que representam uma formação de compromisso entre a integração e as dificuldades de mentalizar (a que podemos chamar Equações Simbólicas) e que representam um equilíbrio tenso entre as posições esquizo-paranóide e depressiva, e conduzem à

formação de condensações
(sempre que falha o deslocamento sobrevém a condensação)...

Se a prevalência dos mecanismos de defesa não obstrói o funcionamento de uma parte, predominantemente saudável, falaremos de Neurose.

↓

Se, a partir de algum tempo, esse equilíbrio tenso é fonte de sofrimento acrescido, evolui para o desamparo.
E se esse sofrimento se torna exuberante...

Ou, sempre que o sofrimento é exuberante, desencadeia barreiras de defesas ou repressão. Defesas obsessivas (ansiolíticas) e estados narcísicos (defesas maníacas) que conduzem à formação de sintomas.
Falso self é uma formação de compromisso entre barreiras obsesssivas e narcísicas. O falso self conduz a...

↓

...Estados Psicopatológicos
e a Distúrbios Psicopatológicos

↓

Ou desencadeiam agitação (agitação supõe desespero) que, em muitos momentos, é utilizada duma forma proactiva ou drenada numa sexualidade, tendencialmente compulsiva

↓

Logo que se vai das defesas obsessiva e narcísica às barreiras de defesas obsessivas e narcísicas dá-se a sua encapsulação e a dos macanismos de defesa, e passamos para uma calcificação da imunedificiência adquirida que se traduz em estruturas psicopatológica (que, perpetuando-se, desencadeiam os quadros oncológicos, os quadros degenerativos do sistema nervoso, e as patologias auto-imunes, a que fui chamando Psicoses Psicossomáticas)

Figura 1 – Sistema Imunitário da Mente

A neurose será um primeiro patamar da doença mental que evolui para um falso self (que engloba as defesas obsessiva e anti-depressiva) e se encaminha para a estruturas psicopatologicas (equiparáveis a perturbações de carácter). *A neurose promove a negação e o recalcamento*, que resulta da formação de compromisso entre integração e não-integração. O recalcamento supõe fazer por esquecer antes de compreender. Se negação e recalcamento se perpetuam transformam-se em condensação e, tendencialmente, em repressão e isolamento; isto é, em defesas obsessivas (estimulando a organização da dissociação ou clivagem). As defesas obsessivas são o primeiro momento de uma clivagem. A clivagem é uma defesa contra a ambivalência. Uma cascata de clivagens desencadeia um desmantelamento. E só as angústias catastróficas desencadeiam o controle omnipotente.

Com mais rigor, a *repressão representa defesas obsessivas e anti-depressivas em conjunto*. Porquê? Porque a defesa obsessiva já supõe, sempre, uma experiência de desamparo objectal (mascarada pela correspondente defesa maníaca: a defesa narcísica[4]) O que pre-

---

[4] Distingo, como irão reparar, defesa narcísica, delegação narcísica, fobia narcísica, patologia narcísica e carácter narcísico.

Como reparam, não distingo nem um narcisismo benigno nem um narcisismo maligno. Todo o narcisismo resulta da falência do amor objectal. Todo o narcisismo é, potencialmente maligno. Em rigor, institui no psiquismo uma competência para amar, permanentemente insatisfeita e, permanentemente, idealizada (a que chamo "amor sem objecto"). Por outras palavras, todo o narcisismo supõe uma depressão anaclítica e representa uma falha básica (no sentido de Balint) e amor sem objecto.

Por defesa narcísicia tomo as reacções anti-depressivas que são desbloqueadas, por todos nós, em função de situações episódicas de desamparo.

Por delegação narcísica entendo o que se observa em função do investimento objectal de muitos pais que transformam os filhos em pequenos príncipes demitindo-se dos seus sonhos e dos seus projectos (deixando de ser um ideal do eu para as crianças) transformando-os no seu objecto de reparação messiânica. Na verdade, vai-se muito depressa de uma delegação narcísica até uma fobia narcísica.

Por fobia narcísica considero as fobias (que, inicialmente, se manifestam num registo neurótico mas que, dada a sua fluidez) por não se ultrapassarem, fazem com que o medo se mascare com a sua defesa maníaca, num formato deste tipo: «eu não vou a jogo não tanto por ter medo de perder mas porque não me apetece sujar os calções...». Em muitas circunstâncias, a fobia narcísica encaminha-se para o pânico contido. No fundo, o pânico contido surge da *eminência de desmoronamento de um eu-ideal* que protegia o funcionamento clivado do eu. Diante dele, ora se fecha num estado de *suspensação vegetativa* (funciona-se

tendo dizer é que somos altamente atentos para todos os pormenores de uma relação. Somos atentos pela sensibilidade, pela intuição, pela atenção e pela memória para as pequenas omissões. Sempre que nos provocam dor trazem, com ela surge uma experiência de descuido

---

sem diálogo interno e sem meditação) ora, quando ela se rompe, emerge uma angústia invasiva de tom paranoide. Em muitos momentos o deslocamento desta angústia é mascarada por um registo maníaco («só consigo funcionar sob pressão»). Todo este confronto, faz-se num ambiente anaclítico: como se *só as recordações fossem um lugar seguro*. No fundo, os medos dominantes são:
– o do futuro (crescer como abandono das recordações que, ao contrário das relações, são o único ancoradouro;
– o da ambição (ganância como defesa contra a ambição).

Por patologia narcísica descrevo a prevalência das experiências de desamparo, que se manifestam pela presença de depressão anaclítica, angústia de separação ou relação de objecto oscilando entre os registos anaclítico e narcísica, mediada por angústias agora e claustrofóbicas. Macrascopicamente, essa relação de objecto saltita entre o encantamento e a decepção súbitos. Regra geral, desencadeia impingimentos da culpa paranóide formatadas pelas experiências de abandono cumulativo (que levam ao fingimento e ao evitamento cobarde de qualquer confronto e a um discurso manifesto onde prevalece a culpa sem culpabilidade, tomada como uma forma de sedução pela pena). A retirada narcísica típica, que representa uma formação de compromisso entre o evitamento do conflito e a violência contida, é o amuo. Também o humor narcísico é do tipo deste formato de actuação: o narcísico ri dele como se não desse conta que cliva entre um eu-ideal que goza e um eu renegado que é gozado.

O agir faz-se por impulso, com uma crueldade fria, com projecção da culpa persecutória que está contida nestas pessoas, e resulta da manifestação do ódio contido através da raiva impulsiva (que é acompanhada por fantasias destrutivas). O fantasma preponderante nestes pacientes é um fantasma de loucura ou de incontinência pelo agir.

Na patologia narcísica prepondera, como primeiro mecanismo de defesa que se organiza em torno de uma barreira obsessiva, o impasse obsessivo como forma de fazer frente à fobia de impulsão (se perco o controle, destruo: Se me contenho sem limites sou destruído, isto é, enlouqueço). Para estes pacientes, descontrairem-se pode significar descontrolarem-se. Daí que seja frequente que se observem episódios de pânico que funcionam como ruptura da formação de compromisso entre núcleo fóbico e as defesas obsessivas que evidenciam e se traduzem em fobias de impulsão. A fantasia dominante é de domínio e o fantasma que prevalece é o da confusão (onde estar perto é interpretado com confundir-se) .

As nunances paranóides destes pacientes surgem sob a forma de discretas cismas ou superstições ou, num formato mais exuberante, em torno de um fantasma hipocondríaco (regra geral, cancerofóbico).Os mecanismos de defesa prevalentes são o isolamento do afecto, a racionalização, a clivagem e a idealização. Exemplo disso tanto são a altivez como o cinismo dos narcísicos.

Os componentes psicossomáticos prevalentes na patologia narcísica manifestam-se em torno de lesões que resultam da contenção agressiva, e situam-se me torno do aparelho

que magoa. E logo que os objectos da relação não a reconhecem e mal-entendem o modo como são interpelados, desamparam. Muitos desamparos cumulativos são sentidos como des-interesse e des-conhecimento e encaminham para a indiferença (que é um estado crónico de choque que se observa subjacente à psicose como a quadros psicossomáticos: doenças auto-imunes, as doenças degenerativas do sistema nervoso e a alguns carcinomas). Os desamparos cumulativos são experiências paradoxais que nos fazem sentir desconhecidos de quem devia conhecer mais de nós do que nós próprios, o que enlouquece devagarinho. Recapitulando: *descuido, desamparo e indiferença* são os degraus que estão subjacentes ao sofrimento depressivo. O descuido compromete a função simbólica; o desamparo a fantasia; a indiferença a sensibilidade.

Em resumo: Sempre que acumulamos pequenas experiências de descuido elas encaminham-nas para experiências de desamparo. Se se sucedem, perpetuam mecanismos de clivagem que se tornam cada vez mais estáticos e calcificados que originam, num plano objectal, experiências de desinteresse. Em rigor, de des-interesse. Ou, se preferirem, de função – α (uma função α funcionar para trás). À medida em que as experiências de desinteresse se perpetuam têm, como consequência, uma desvitalização progressiva dos recursos de vida

---

digestivo, das lesões oftalmológicas (tipo derrames ou estrabismos convergentes, por exemplo), dos quadros pneumonológicos (asma e bronqite) e das lesões dermatológicas (dermatites, eczemas, psoríase).

Já o carácter narcísico resulta da rigificação da barreira de defesas obsessivas. Em rigor, representa uma relação de contornos perversos e psicopáticos que vandaliza e que faz com que estes pacientes representem, como ninguém, aquilo a que Green chamava uma psicose fria. Na verdade, vivem numa relação siamesa e estigmatizam, desprezam e culpam a pessoa que parasitam, sem nunca se afastarem dela. Saltitam entre quatro facetas diferentes: tão depressa vão da insinuação paranoide (em que recorrem à maldizência de alguém como forma de controlarem e dominarem o ojecto de relação), à sedução intimidante (em que a ganância predatória é projectada sobre as fantasias de domínio sexual), como vão da intimidação vingantiva (recorrendo ao ultrage, ao boato e à violência logo que sentem não dominar os outros), e ao desamparo catastrófico (sempre que, em desespero, tentam sobrepor-se, de novo, a eles). Em toda esta oscilação de faces observa-se uma arrogância contida que, em termos transferenciais, faz com que os seus objectos privilegiados de relação sejam, regra geral... escudeiros, levando a que os outros façam recordar a parábola do rei que, indo nu, induzia, pelo terror latente, reparações narcísicas dos seus servos.

que desencadeiam uma mortificação e se traduzem, na relação, em indiferença. Em esquema teríamos:

Descuido → Desamparo → Desinteresse → Indiferença

Isto é, supõe que uma pessoa tente, sozinha, promover formas frustres de integração mental que, supostamente, deveriam resultar dum processo de integração relacional. *Não havendo experiências nem reparadoras nem redentoras, o resultado da repressão, a médio e a longo prazo, é a clivagem estática. A clivagem estática pressupõe uma barreira de defesas obsessivas.* Em esquema, o trajecto da saúde para a doença seria este:

Recalcamento → Condensação → Repressão → Clivagem →
→ Melancolia e Morte

2.
O Sistema Imunitário da Mente

Inicialmente, o psiquismo, através das reacções reflexas do sistema nervoso, ao mobilizar-se para o tratamento de informação, mobiliza, por acção das emoções, numa primeira linha de leitura dos acontecimentos. Num segundo momento, por acção do sistema nervoso autónomo – e num alerta momentâneo, cuja consequência imediata será um estado de stress, que representa um "semáforo amarelo" – o sistema nervoso indica-nos que, através da análise da informação que se está a operar (pela memória filogenética, compactada no genoma, ou pela memória ontogenética, que guarda as experiências de vida) há um determinado acontecimento que é interpretado como potencialmente ameaçador.

Por outras palavras, o que nos distingue não é a competência para a sensibilidade – que todos temos – mas o modo como a parasitamos de angústia e, sem dar por isso, nos tornamos indiferentes. Indiferente – como o nome indica – pressupõe que nos vamos confundindo com tudo à nossa volta. Mas o que é, afinal, a angústia? A angústia é uma formação de compromisso entre a monitorização de um perigo e a mobilização de recursos de vida para lhe fazer frente. Ou, doutra forma, angústia representa todos os pensamentos que persistem por pensar depois de pensados. A ansiedade será vertente fisiológica da angústia e resulta dum sinal de perigo não integrado. É sempre um sinal paranóide representando a prevalência de uma experiência incognoscível e incompreensível sobre a competência para pensar. Podemos distinguir, numa leitura mais aberta, duas vertentes na angústia: uma dominada pelo perigo; outra, pela vergonha. Em relação ao perigo, tanto pode ser gerado por sinais filogenéticos ou ontogenéticos "automáticos, por relações intimidantes que condicionam a expressividade individual e a alteridade, e por episódios ou por enredos com conteúdos por integrar que se tornam persecutórios. Quanto à vergonha, ela resulta da disparidade entre o ideal do eu e a intencionalidade empreendedora que não se consegue mobilizar para integrar a pluralidade de manifestações do self. Realce-se, todavia, que o que prevalece como desorganizador na angústia é a falta de objectos de relação que a contenham e integrem. Isto é: a angústia e depressão são subsidiárias uma da outra (e são, portanto, objectais). Se, num primeiro momento, a emergência da angústia desencadeia movimentos de projecção, por forma a desparasitar os movimentos de integração mental do sofrimento que o parasita, já a presença menos aguda da angústia mobiliza o psiquismo para movimentos de deslocamento (que, ao contrário de uma visão que o aproximaria da saúde mental) representará uma formação de compromisso entre a integração e a projecção.

Num terceiro nível, se esse semáforo amarelo permanece intermitente haverá uma outra linha de defesas diante dos acontecimentos, potencialmente disruptivos da realidade, que mobiliza mecanismos de defesa. Os mecanismos de defesa são sempre formações de compromisso entre as tentativas de mentalização e os obstáculos que erguem contra ela. Em rigor, mecanismos de defesa são sempre – α.

Os mecanismos de defesa mais relevantes serão:

Denegação: mecanismo associado à projecção, surge como uma forma de branquear qualquer consciência que o próprio fará de um acontecimento doloroso;

Deslocamento: «a representação de uma pulsão interdita é separada do seu afecto e é reportada a uma outra representação, mais genérica, mas ligada à primeira por um elemento associativo» (Bergeret, 1974);
Formação reactiva: «contra-investimento, numa atitude autorizada, da energia pulsional retirada às representações interditas» (ibid.);
Isolamento do Afecto: «impede a relação angustiante entre o objecto e os pensamentos» (ibid.);
Recalcamento: «processo activo destinado destinado a conservar fora da consciência as representações inaceitáveis» (ibid.);
Projecção: «representa o insucesso do recalcamento» (ibid.) e representa um processo de clivagem no sofrimento de uma pessoa de partes intoleráveis, projectadas sobre alguém, e controladas fora do psiquismo;

Num quarto nível, se a mobilização de mecanismos de defesa não contém a angústia, são sentidas angústia e/ou tristeza persistentes, que parecem instalar-se sem uma exuberância excessiva mas, ainda assim, marcando uma presença iniludível que, insidiosamente, ganha protagonismo na vida das pessoas. Estas queixas merecem, regra geral, estratégias clínicas absurdas por parte da maioria dos médicos na medida em que, diante delas, se banalizou a administração de anti-depressivos e de ansiolíticos. Na verdade, angústia e tristeza representam reacções saudáveis a um ou a diversos acontecimentos de vida. Nessas circunstâncias, *a tristeza é antidepressiva e a angústia ansiolítica*, enquanto o silenciamento medicamentoso desses sinais fixa e encapsula, em muitos casos, essas reacções "metabólicas" do psiquismo.

Se essas diversas reacções de protecção não amparam a consciência de um sofrimento – que parece não encontrar relações que o metabolizem nem defesas que o iludam – geram-se os sintomas e os sinais psicopatológicos. Na realidade, representam um sofrimento que se avolumou e foi levado a exprimir-se através da linguagem das diversas queixas, como um "estado infeccioso" que se instala e se vai alastrando como se se tratasse de uma mancha de óleo. Estes estados psicopatológicos podem ser reactivos (no caso de serem relacionáveis com acontecimentos de vida exuberantes que os tenham precipitado, servindo para mobilizarem recursos psíquicos e relacionais de uma pessoa), ou organizarem-se em episódios ou distúrbios mais fixados que, não sendo, nem organizados através da função simbólica nem trabalhados psicoterapeuticamente, poderão evoluir para estruturas psicopatológicas mais calcificadas (que, não sendo alvo de recursos clínicos incisivos, poderão evoluir para a cronicidade e para a demenciação).

No fundo, tal como os venho a pensar, os sintomas e os sinais psicopatológicos representam um equivalente da febre. São, independentemente da sua gravidade aparente, informação psicopatológica que requer uma análise cuidada, percebendo-se a função que desempenha na "fisiologia" mental. Do mesmo modo que uma temperatura de 37,6° C representa febre, 42° C não deixa de o ser. Como o é uma febre de 37,4° C, que ganha um significado muito distinto quer se manifeste no decurso de uma semana quer se prolongue por diversos meses. Ou seja, a constatação clínica da existência de febre obriga-nos a interpretar esse sinal sabendo se, por exemplo, representa uma reacção virusal, ou um estado infeccioso. Fará sentido, a exemplo da clínica médica que, num primeiro momento, se dê algum tempo para que um determinado sintoma psicopatológico evolua, de forma a que se teste o carácter reactivo que reveste e os recursos vitais que consegue mobilizar. De seguida, voltemos à clínica médica, é suposto que se recomende um antibiótico de largo espectro, por forma a que se proceda a uma terapêutica sintomática, sem que se tenha dado, ainda, uma compreensão etiológica acerca da reacção febril. Só depois, se elabora um diagnóstico, um prognóstico e uma estratégia de intervenção. Também na clínica psicológica, se deverá proceder por analogia, assim.

Repetindo-me, os sintomas, em psicopatologia, significam tanto como a febre. A sua remoção não deve ser tomada como o essencial de uma estratégia da psicologia clínica, porque isso aumentaria o risco de descompensação do sofrimento que eles escoram. Isto é, antes de mais, representam um conjunto de sinais de saúde do psiquismo que, em consequência da falha dos recursos vitais ou das relações significativas duma pessoa, se organizam, duma forma mais ou menos acidental, encapsulando o sofrimento num sintoma ou numa queixa.

No entanto, por aqui se vê que, a partir do momento em que um determinado sofrimento evolui até que se organize uma estrutura psicopatológica, se torna impossível que sejam somente os recursos individuais ou relacionais de uma pessoa a organizarem a consciência e a função simbólica sobre um determinado acontecimento. Sendo assim, a demagogia que se organiza em redor do tempo pelo qual se prolonga uma psicoterapia analítica ou uma psicanálise, ignora que se um sintoma reactivo não deve merecer uma intervenção clínica que não mobilize, senão, o bom senso do clínico, já uma estrutura psicopatológica exige um trabalho fino e prolongado.

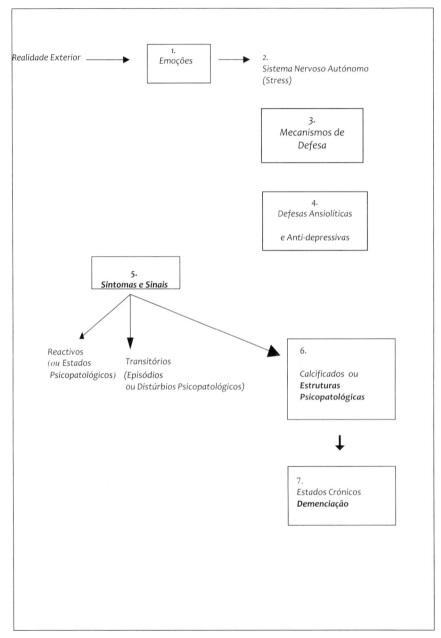

Figura 2 – Hipótese compreensiva
da estruração psicopatológica a partir da imunidade mental

Recordo Freud, em Inibição, Sintoma e Angústia, que tomava a defesa como o conjunto das manifestações de protecção do ego contra as agressões internas, de ordem pulsional e externas, susceptíveis de constituir fontes de excitação e possíveis factores de desprazer. E recordo, também, Anna Freud (quando afirmava que os mecanismos de defesa constituem a resposta egóica – adaptativa – ao conflito entre instâncias psíquicas – Id e Ego – ou entre as instâncias e a realidade externa, fonte exterior de angústia). E Bergeret (quando esclarecia que a presença das defesas não faz a psicopatologia, mas que ela resulta da ineficácia, rigidez e/ou exclusividade das mesmas) para vos propor outra leitura sobre estes contributos. Como repararam, chamei a este capítulo O Sistema Imunitário da Mente, distinguindo os mecanismos da mente, o aparelho de pensar os pensamentos e as omissões da relação. Poderão perguntar-me qual a vantagem desta reformulação.

Em primeiro lugar, permite-nos compreender o conflito psíquico como um conflito de consciências que se desencontram ou incompatibilizam e que, ao desencadearem níveis de sofrimento exuberantes e a falência dos recursos que os atenuam, geram uma cadeia de recursos defensivos que podem vir a colmatar nas estruturas psicopatológicas.

Em segundo lugar, encaminha-nos para uma compreensão, incontornavelmente, objectal de toda a psicopatologia.

Em terceiro lugar, ajuda-nos a compreender a psicopatologia como a falência do sistema imunitário da mente, permitindo-nos delimitar os mecanismos e os recursos relacionais que convergem para ela ou que precisamos de descomprometer para revertermos a doença mental.

Em quarto lugar, permite-nos perceber quais terão sido os recursos comprometidos em cada quadro psicopatológico, que recursos estarão inibidos e de que forma precisam ser revitalizados orientando, em consequência disso, a técnica interpretativa.

Finalmente, auxilia-nos numa outra compreensão da vida mental, mais integrativa. E mais humana.

Bibliografia

BERGERET, J. (1970). *Abregé de Psychanalyse*. Paris: Masson.

Capítulo 6

NEUROSE, PATOLOGIA BORDERLINE E PSICOSE

A Neurose na recriação da psicanálise

1.
A psicanálise e as crianças

As crianças são uma descoberta recente da Humanidade. Já podemos afirmar que as crianças de Piaget, afinal, também choravam. E podemos questionar a maternalidade de Margaret Mahler ou de Melanie Klein quando falavam de autismo normal ou duma psicose congénita, a propósito dos primeiros estados do desenvolvimento. E, no entanto, a psicanálise trouxe à Humanidade contributos iniludíveis. Chamou – por exemplo, há um século – a atenção para os traumatismos sexuais a que a esmagadora maioria das crianças era exposta.

A psicanálise teve, desde sempre, uma função social. E se mais não teve terá sido porque, em muitos momentos, os psicanalistas se terão fechado ao mundo à sua volta mais do que, talvez, devessem. Mas alguns dos seus desencontros com as crianças talvez, também, se devam ao modo como terá sido condicionada pela atmosfera vitoriana e positivista em que nasceu.

Talvez em consequência de tantos constrangimentos, alguma psicanálise foi imaginando que o desenvolvimento dos bebés fosse indissociável do "software" com que as mães (e nunca os pais) as formatavam. E foi, também, opondo "a lei do pai" ao "instinto maternal", como se a lei familiar não fosse o mínimo denominador comum das regras protagonizadas pelo pai e pela mãe (pelo menos), supondo que todos os pais com "sexto sentido" e com gestos de ternura teriam, quase, traços perturbados de carácter. Talvez, ainda, em consequência de tantos constrangimentos, alguma psicanálise foi remetendo o crescimento das crianças para uma atmosfera maciçamente narcísica onde não parecia ser concebível que as crianças crescessem com os pais mas contra eles, sendo a infância imaginada num envolvimento penoso de humilhações narcísicas, suportadas por um sentimento de triunfo que parecia esconder o pressuposto de que afirmação dum filho significasse a destruição dum pai. E foi, por fim, em consequência de tantos constrangimentos, que alguma psicanálise ainda hoje vai supondo que sem um supereu que nos contenha se soltem de nós impulsos bestiais, como se a biologia nervosa fosse – hoje, ainda, para muitos – um equivalente animal, em vez de ser uma rede complexa de interacções neuronais: associativa, aberta, plural, clarividente, vinculativa e ética.

2.
A triangulação como eixo da vida mental

Os bebés já nascem em interactividade com os pais, com o meio... e a pensar. E nascem com um eu que irão lapidando pela vida fora. E percebem a diversidade da mãe e do pai, e a dos avós, dos irmãos, e de quem os lê nos olhos e conversa com eles. Isto é – partindo daqui – tal como foi sendo concebido, não me parece que o complexo de Édipo... exista. Será, para mim, mais compreensível eleger a triangulação (como interactividade com, pelo menos, duas pessoas que solicitam ao bebé vários ritmos e diversos movimentos identificatórios) como eixo do desenvolvimento mental. Repito: a competência para a triangulação é inata e indissociável da natureza humana. Sempre que há triangulação há identificação, sendo a triangulação que funda o self e, através das identificações, cria um "aparelho de pensar". Isto é, se há – pelo menos – duas pessoas que se adequam ao ritmo do bebé e o expandem, as identificações transformam a pulsão em líbido (que é o resultado da presença de objectos internos, de pessoas, no nosso crescimento): o amor de objecto é, sempre, uma triangulação. Já a um nível menos exuberante, a persistência da angústia em cada um de nós, para além dos sinais de angústia que decorrem da experiência filogenética ou do vivido, representa a falência dos objectos internos no metabolismo das emoções.

3.
Neurose Infantil e Neurose da Criança

Haverá, visto assim o crescimento, neurose infantil? Sem dúvida, se a tomarmos como os conflitos residuais aos processos identificatórios. Existirão conflitos identificatórios que se enquistam no desenvolvimento? Claro. E a esses podemos chamar neurose da criança (que nos remete para a presença de pessoas no desenvolvimento – porventura ambivalentes nas mais-valias que trazem – que debilitam, sempre que desencontram uma pessoa dos seus ritmos pautados pelo diálogo com o seu inconsciente).

No fundo, o núcleo da neurose não representará uma criança a conflitualizar com um dos pais ao pretender ficar com o outro, mas o conflito duma criança tentando não prescindir de nenhum dos dois. E, na verdade, nem sempre os pais permitem que uma criança acolha, em paridade, os dois dentro de si.

3.1.

A depressão neurótica

Sentir que o pai é um homem bom, coerente e justo ou que a mãe integra todas essas qualidades desperta gratidão e admiração numa criança. E baliza as suas escolhas. Se a mãe é uma mulher que acolhe essas qualidades, é natural que, inconscientemente, um rapaz tenha essa presença a iluminá-lo nas suas escolhas, e as obscureça sempre que pressinta que as mulheres por quem se interessa ficam sempre aquém... dos "calcanhares" da mãe (o mesmo sucedendo numa relação duma filha com um pai). Mas se o pai integra, inequivocamente, esses atributos, torna-se plausível que, ao mesmo tempo que eles servem de coordenadas ao crescimento dum filho, possam trazer-lhe, diante deles, o sentimento duma pequenez irrevogável e seja preciso desqualificá-lo, por vezes, esperando que a isso ele reaja com movimentos de integração da ambivalência que os processos identificatórios não deixam de ter. Com as mães passa-se o mesmo. É claro que ambivalências que se cruzam tornam os processos de integração identificatória mais complexos. E quando as identificações são acompanhadas de processos de sofrimento acentuado e (em consequência deles, de movimentos defensivos de clivagem) as identificações tornam-se incompatilizáveis com o desenvolvimento.

Mas, no registo da ambivalência saudável, as atitudes do pai ou da mãe tão depressa evidenciam uma proximidade empática como, noutras vezes, suscitam um "sai da minha vida". As birras e a raiva espontânea dos pais têm um efeito castrante na espontaneidade e na autenticidade dos filhos e, se se repetirem, desencadeiam um "não posso ser como sou, nem quero ser igual a ti" (muito diferente do "não quero ficar contigo nem sem ti", dos impasses narcísicos). Isto é, ao transporem para um filho as birras que não poderem fazer junto dos seus pais, tornam-no medroso diante das suas qualidades, como se o melhor de si merecesse sempre um reparo de desagrado ou de censura do pai ou da mãe. Será esse o núcleo depressivo da fobia, que desencadeia, depois, defesas obsessivas, de cuja ruptura emergem crises de angústia. Isto é, *a fobia, é o núcleo da neurose. A neurose obsessiva não é mais do que a exuberância da defesa obsessiva que sustém o núcleo fóbico, e a neurose de angústia a disrupção da defesa obsessiva.* Extrapolando para a técnica clínica, parece-me supérfluo que nos centremos na angústia ou na defesa obsessiva que assume uma função ansiolítica: Será mais incisivo irmos directamente ao núcleo depressivo (relacionado com as incompatibilidades identificatórias) e à sua extrapolação para a transferência.

3.2

A parentificação narcísica

Já quando, numa relação familiar, há um filho, por exemplo, que é sentido como o único homem de quem uma mãe se sente próxima, todos os movimentos de autonomia do filho são envolvidos por uma atmosfera de culpabilidade, já que eles precipitam a depressão materna e parecem poder ameaçar a vinculação. Entre um pai e uma filha podem suceder movimentos semelhantes.

Se, noutras circunstâncias, havendo um filho em quem um pai se identifica, pode dar-lhe, inconscientemente, a entender que ele será tudo aquilo a que o pai aspirou, sem conseguir. Uma relação assim pode remeter um filho para uma impulsão narcísica que mascara o mesmo traço depressivo da relação, crescendo uma criança entre a função de Messias (sempre que cumpre as expectativas desse pai) e a desilusão dum Judas.

O risco acrescido destes dois últimos investimentos depende do outro elemento do sub-sistema parental. Se pai e mãe exigem uma semelhante "imolação narcísica" das competências duma crianças, instala-se nela a angústia de, ao gostar dum dos pais, isso ser sentido, pelo outro, como traição. Se um dos dois assume esta defesa narcísica e o outro um papel mais aberto e saudável, uma criança cresce entre uma padroeira (ou um ídolo) e a descrição doutro dos pais, e as controvérsias do seu crescimento levá-lo-ão a deixar, um dia, que o ídolo caia do "altar" e uma mãe ou um pai discreto se revele como redentora.

3.3.

A psicoterapia das neuroses

Falei-vos de identificações onde tento destacar, didacticamente, a relação duma criança com um dos pais. Como imaginam, quando os conflitos identificatórios, que associei à neurose da criança, se cruzam entre a mãe, o pai, e ela, enquistam mais, sobretudo quando um filho sente como inconciliáveis a mãe e o pai, e o que recebe deles. Para mim, é quando se sente que duas pessoas (que se dão através de perfis diferentes de relação) não são harmonizáveis, dentro de nós, que se "calcifica" a neurose. E, em vez da compatibilização dos pais se abrir uma clareira que não expande o pensamento, criando-se um enigma, por vezes, esfíngico. Fará, então, sentido, neste contexto, uma psicoterapia infantil?

Num primeiro momento, inequivocamente, não. A primeira função dum psicoterapeuta psicanalítico, ao propor-se trabalhar um quadro clínico destes, deve passar por tomar os pais como instrumentos da psicoterapia duma criança. Isto é, se compreendermos a relação dos pais e a fantasia que constroem acerca duma criança, deve um psicoterapeuta trabalhar a criança nos pais, "desparasitando-a" das projecções que eles cruzam nela. Uma psicoterapia psicanalítica pode ser, nestas circunstâncias, breve, conciliando uma leitura dos sintomas com os motivos remotos que podem ter ajudado a precipitá-los. Trata-se de potenciar a sabedoria e a intuição dos pais, mobilizando-a para a ajuda aos filhos. E só uma leitura psicanalítica permite fazer diagnósticos de profundidade, sintetizados em gestos clínicos – aparentemente simples – que reconciliem pais e criança para o namoro com a vida.

Sempre que se mostre difícil mobilizar os pais, uma psicoterapia psicanalítica deve tomar o espaço da relação como uma "auto-estrada" que se abre da transferência para a fantasia (e do mais organizado para o mais desorganizado). Mas não deve tomar o jogo como "o idioma" da relação clínica com uma criança. Muitas vezes, o jogo arrisca-se a ser tomado duma forma paternalista, sem critério, podendo, nessas circunstâncias, vandalizar a empatia.

A empatia psicanalítica não é uma competência dum analista mas da relação que ele propicia. Seja pela fala, pelo jogo, nos silêncios, no desenho ou nas situações psicodramáticas, a empatia psicanalítica recria, através do deslocamento para os acontecimentos duma sessão, as situações que geram dor e constrangimento. Tal empatia permite que a criança consciencialize sem racionalizar, fazendo que com que, através do analista e do imaginário, se abram espaços de liberdade para conteúdos que a criança foi censurando e contendo.

Dando-se tudo isto no contexto duma relação alternativa à que a criança tem com os pais, as novas experiências que ela encontra ali matizam as triangulações que, enquistadas, a desencontraram da empatia do pensamento com o seu inconsciente.

4.
Saúde mental, neurose e estruturas psicopatológicas

Tentei dizer-vos que toda a neurose da criança é uma neurose infantil. E que as crianças não devem nunca ser tratadas como se não fossem competentes para ler, nos nossos olhos, a autenticidade. E que os bebés, as crianças, e os adolescentes poderão trazer à psicanálise as transformações que a podem ajudar a ter uma função inigualável nas transformações sociais, afirmando-se, sempre mais, como espaço de criatividade, de empatia, e de liberdade. Mas não havendo uma neurose infantil, no sentido trágico com que, tantas vezes, foi descrita, haverá uma estrutura neurótica? Não. Na verdade, a noção de estrutura é a antítese da de saúde mental, como vimos atrás. A saúde mental representa ambivalência e conflito, triangulação objectal, fantasia, função simbólica e uma intencionalidade empreendedora. No entanto, compatibilizar no crescimento complexidade e simplicidade torna-se muito difícil, sobretudo porque, com os anos, aumentam o requinte de pormenor com que a sabedoria nos capacita para os pequenos gestos. E aumentam as probabilidades de se acumularem descuidos e desamparos. Daí que a fobia representará um primeiro degrau da patologia narcísica, muito mais do que uma estrutura neurótica. A neurose, tantas vezes associada a saúde mental, representa uma formação de compromisso (do género, meio cheio/ meio vazio) entre a saúde e o sofrimento mental. Daí que só por injustiça deva ser associada a saúde mental.

Saúde significa não só a capacidade de organizar uma compreensão simbólica sobre o sofrimento e os recursos saudáveis como, também, a capacidade de mobilizar, com uma intencionalidade empreendedora, transformações e comunhão, ligando passado e futuro.

Supõe entusiasmo, amor pela vida e fé na nas pessoas. E supõe que assumamos a sabedoria, compatibilizando numa consciência alargada as diversas linguagens da consciência, ligando tudo com tudo. E, com isso, transformando-nos em pessoas mais complexas e mais simples, pessoas melhores e mais bonitas.

Porque é que a histeria ou os traços histriónicos são o paradigma aproximado à saúde mental? Porque, o colorido mais ou menos histérico representa, na gíria da psicologia clínica, uma forma de afirmar que haverá, nos recursos de uma pessoa, várias relações significativas de referência, vida mental expressando-se em sentimentos e em formas expressivas de comunicação (por vezes, contraditórias) o que supõe, apesar de quaisquer reservas que sejam identificadas no decurso de uma avaliação clínica, um conjunto de recursos que serão, em relação a elas, potencialmente, superiores. Em resumo, quanto mais o colorido dum psiquismo emanar vida e expressividade mais haverá probabilidades dos recursos de saúde poderem sobrepor-se aos aspectos doentes da personalidade. Pressupondo, é claro, que uma tal afirmação deva ser mediada pelo bom senso que a experiência clínica recomenda.

Já a neurose surge no Manual de Diagnóstico e Estatística da Associação Psiquiátrica Americana repartido, no essencial, por duas categorias: as perturbações de ansiedade e as perturbações da personalidade sem que surja, subjacente a essa classificação, um nexo compreensivo que permita aceder ao tratamento psicoterapêutico. Num diagnóstico dinâmico, podem considerar-se as seguintes características:

- *triangulação objectal dolorosa*, que supõe a presença de, pelo menos, dois objectos internos de compatibilização, por vezes, difícil, que desencadeia conflitos mas que, simultaneamente, traz recursos vitais ao psiquismo;
- *angústia de castração*, tomada no sentido simbólico de que a exigência identificatória ou a delegação fantasmática de um dos objectos da relação (a que corresponde uma imago) desencadeia um sentimento de desqualificação, que coloca em dúvida os recursos do próprio diante desse objecto de identificação, com o consequente deslocamento da defesa fóbica para outros objectos relacionais que evoque o objecto de referência conflitual;

- uma fantasia que, em vez de se manifestar pela pluralidade que a caracteriza (quer quando estamos despertos e saudáveis quer no decurso do trabalho de sonho) converge para um enredo de repetição relacionado com o desejo do *desmantelamento das barreiras superegóicas* que impedem a livre resolução do conflito interior;
- *a capacidade de aceder, de forma oscilante, entre uma posição depressiva* (através da expressão e da elaboração da tristeza, com os consequentes movimentos de reparação que fundam e aprofundam o pensamento simbólico) e as experiências de descuido e de desamparo suscitadas pelos apelos ao apego insatisfeitos;
- *as passagens ao acto fazem-se por actos falhados ou por lapsos de linguagem*, por falência dos movimentos defensivos (que privilegiam o recalcamento à integração), com emergência de culpabilidade e de movimentos de reparação (muitas vezes, associadas a compulsões à repetição).

Repito-me:

Saúde significa não só a capacidade de organizar uma compreensão simbólica sobre o sofrimento e os recursos saudáveis como, também, a capacidade de mobilizar, com uma intencionalidade empreendedora, transformações, comunhão, ligando passado e futuro. Supõe entusiasmo, amor pela vida e fé nas pessoas. E supõe que assumamos a sabedoria, compatibilizando numa consciência alargada as diversas linguagens da consciência, ligando tudo com tudo. Transformando-nos com isso em pessoas mais complexas e mais simples, pessoas melhores e mais bonitas.

Saúde supõe, também, o psiquismo a mobilizar recursos defensivos perante experiências de sofrimento (desde que ele represente experiências de descuido ou de desamparo cumulativo e não tanto a exposição a sofrimentos violentos, que desencadeiam, invariavelmente, núcleos psicóticos). Na verdade, falarmos de um equilíbrio dinâmico entre aquilo que não entendemos e nos persegue e entre aquilo que compreendemos (retomando Bion, entre as posições esquizo-paranóide e depressiva) traduz a saúde mental. A doença mental deriva do equilíbrio tenso entre ambas as posições que –

através da repressão – promove a sua condensação em formas pré-simbólicas que representam uma formação de compromisso entre a integração e as dificuldades de mentalizar (a que podemos chamar Equação Simbólica). Se a prevalência dos mecanismos de defesa não obstrói um funcionamento de uma parte, predominantemente, saudável do psiquismo falaremos de Neurose.

Por outras palavras: logo que os mecanismos de defesa em vez de potenciarem a vida mental a comprometem ou se desenvolve uma neurose (que será uma solução de compromisso, temporizada, entre os recursos de saúde e a expansão de experiências dolorosas), que ainda não é uma estrutura, ou os recursos defensivos inibem os recursos saudáveis, organizando estruturas psicopatológicas calcificadas (semelhantes a uma patologia auto-imune).

Patologia Borderline e Psicose

1. A Memória

Platão temia que, depois do deus Toth ter inventado a escrita, os homens deixassem de se recordar. O mundo interior – pensaria o faraó, quando se insurgiu com Toth – seria um interminável esquecimento. Opinião diferente terão tido os egípcios. Toth era o deus da escrita, da medicina e da magia. Já então as palavras pareciam estar perto da magia com que se eterniza o passado e do esquecimento com que, por vezes, elas mascaram as imagens sensíveis e os afectos na memória.

Quando as recordações são muito fotográficas são muito pouco recordações. São, antes, traumatismos, no sentido de que fala Bergeret (traumatismo é tudo aquilo que não é mentalizável). Senão vejamos: nas neuroses traumáticas, por exemplo, quando se recorda exaustivamente uma circunstância, despreza-se tudo o resto? Visto assim, recordar é uma forma de fazer por esquecer. A relação do Homem com os conflitos torna-se curiosa: os obsessivos, como os deprimidos – cada um a seu modo – não se podem lembrar, enquanto que na mania, na histeria, ou na esquizofrenia, não se podem esquecer.

2. O Esquecimento

Quando os momentos da vida se transformam em memória, o tempo cumpriu a sua coerência essencial: transformar a realidade vivida em esquecimento. Isto é, em afectos fundamentais (próximos das emoções que a acompanharam quando ocorreram, como também, da tonalidade emocional dominante no psiquismo que a guardou). Só esquecemos aquilo que percebemos bem: Do que não percebemos temos sempre necessidade de nos recordar.

A memória está intimamente associada ao sistema límbico. Digamos que, do ponto de vista da fisiologia, não há memória sem emoções; como o contrário, aliás. São as emoções e os afectos que "prendem" as recordações à memória, como serão ambos que diluem a experiência na memória. O que falha na psicose é a memória, enquanto síntese metabólica de afectos e de emoções, que não organiza o esquecimento e que faz com que recordar seja não poder esquecer. Ao contrário do que se passa na saúde mental, em que do que não precisamos de nos lembrar não nos lembramos: É assim com o sonho como com todos os conhecimentos.

As pessoas que nos induzem afectos intensos e coerentes são os cidadãos da memória. Desempenham uma função coesiva no pensamento e a sua relação dentro de nós representa um verdadeiro aparelho de pensar os pensamentos que estrutura a identidade e organiza o imaginário. Imaginar, a partir deles, representa repensar, retomando tudo o que se viveu a partir das transformações que cada nova relação traz ao pensamento. Então, na vida, só temos duas hipóteses evolutivas: ou nos tornamos estúpidos (recusando todas as transformações trazidas por uma nova relação) ou ignorantes (abrindo-nos para ela). E enquanto os estúpidos organizam um pensamento ancorado em recordações, os ignorantes refazem a memória sempre que conhecem de novo. Os ignorantes repensam sempre que se recordam. Os estúpidos desmantelam o pensamento sempre que fazem por se esquecer.

A verdade é que, na saúde mental é, incomparavelmente, mais aquilo que esquecemos do que tudo o que recordamos. Sendo, assim, se cada pensamento, depois de pensado, se torna pensável, e se a função essencial de duas consciências a conviverem dentro de nós passa por promover a integração mental, então o inconsciente da psicanálise pode ser visto como um esquecimento, que resulta na estruturação da função simbólica. Já as recordações que (pelo seu valor traumático) se impõem no pensamento e se tornam persecutórias (como acontece na psicose) são prisões para o pensamento, que o impedem de se entregar ao esquecimento (e à integração), e não o deixam pensar...

3. Tudo do que nos lembramos sem nos recordarmos

Bion, em Second Thoughts, acha que «a memória nasce duma experiência sensorial e só a ela se adapta» dizendo, adiante, entender a memória como «a comunicação gráfica duma experiência emotiva», enquadrando-se a posição analítica do pensamento, idealmente, no registo da ausência do desejo e da memória. No fundo, para Bion a memória seria um continente de emoções. Ou, pensando a partir dos pressupostos que enunciei, a memória não seria tudo aquilo que resta depois de esquecermos, mas tudo aquilo de que não precisamos, intencionalmente, de nos recordar. Talvez por isso se diga que «quem aprende nunca esquece». Mas, em verdade, aprender com a experiência (e com o imaginário) organiza-se em função desse aparente esquecimento que é a integração mental (e que promove a sabedoria). Aí está a paradoxalidade do pensamento: só nos lembramos porque esquecemos, e recordamo-nos sempre que queremos esquecer. Aliás, a falência do recalcamento (que se relaciona com experiências de sofrimento cumulativo) passa por aí: fazer por esquecer sem compreender prende-nos à dor; nunca a cicatriza. Já as memórias de experiências dolorosas violentas não se recalcam: denegam-se. Denegar é tornar um pensamento preponderante duas vezes. Por outras palavras: a melhor forma de ficar preso a um pensamento é fugir dele.

Só há dois pensamentos realmente impensáveis: o desconhecido e os pensamentos que compreendemos e que, por isso, se integram na nossa intimidade. E esta, à custa de nos ser tão próxima, fertiliza-nos a partir da intuição. A memória não é ter pensamentos mas podê-los abandonar. É tudo aquilo de que nos lembramos sem precisarmos de nos recordar. Até aqui, pensamos para deixar de pensar.

4. A memória das relações e a doença mental

Que sentido tem reflectirmos a propósito da memória num capítulo dedicado ao estudo da patologia borderline e da psicose? No fundo, recuar à memória representará tomá-la como sistema protomental, um plano onde o biológico e o mental dialogam, permanentemente. Pressupõe, também, tomá-la como matriz do pensamento e força motriz do conhecimento. E percebê-la como a rede de relações que organizam a função continente do psiquismo. Finalmente, pesquisar a psicose a partir da memória traduz a intenção de procurarmos que relações traumáticas terão precipitado uma perpetuação das experiências que se expandem pela vida e a delapidam de esperança.

Se tomarmos a psicose como a aprendizagem com a experiência que fica dessa rede de relações, começaremos por aceder a ela através dos conteúdos do delírio, como expressão de um imaginário em sofrimento que, ainda assim, mobiliza recursos (condensados) para se exprimir. Serão conflitos psíquicos que não encontram resolução em nenhuma relação significativa e que, antes, os acentuam e agravam (tornando-os omnipresentes e persecutórios) e contribuem para que se estruturem e se mantenham quadros borderline e psicoses. Terá sentido agrupar uma reflexão clínica acerca de ambos os quadros? Na minha opinião, sim. Porquê? Porque se tomarmos a neurose como um patamar intermediário entre os recursos saudáveis, mobilizados em função de sofrimentos episódicos ou cumulativos, e os recursos defensivos (calcificados numa estrutura psicopatológica), podemos tomar as estruturas bordeline e psicótica como manifestações em que os recursos defensivos, em vez de se mobilizarem em função da mentalização, tomam os recursos saudáveis (que, na verdade, a alimentam) como ameaças à sua viabilidade. Por outras palavras, as estruturas psicopatológicas constituem-se, apesar dos recursos saudáveis que convivem com elas (se bem que não predominem) como quadros em tudo semelhantes a uma patologia auto-imune. Bauman (2007), citando a socióloga Elzbieta Tarkowska, di-lo de forma mais didáctica:

«Uma vez que no estado de caos «a mudança é permanente», a situação «parece aos que nela estão envolvidos (bem como aos observadores e investigadores) obscura, ilegível, imprevisível». Entenda-se o caos descrito por Tarkowska é um estado de coisas em que tudo pode acontecer (do mesmo modo que a ordem, o oposto do caos, é um estado que exclui na prática que certas coisas aconteçam, ao mesmo tempo que torna outras mais do que previsíveis); um estado de coisas em que a probabilidade de um certo acontecimento não é superior à de qualquer outro (...).

A existência caótica é desprovida de estrutura, sendo que «estrutura» significa precisamente a distribuição desigual das probabilidades e a ausência de intervenção do acaso no desenrolar-se dos acontecimentos».

4.1. *A vida interior da patologia borderline*

Como se caracteriza, segundo o Manual de Diagnóstico e Estatística da Associação Psiquiátrica Americana (DSM-IV) a patologia borderline? O DSM-IV não considera nem especifica o diagnóstico de patologia borderline, talvez por ele ser, marcadamente, psicanalítico e, por isso, se distanciar dos modelos de referência subjacentes aos investigadores que o organizaram. Todavia, no capítulo referente ás «perturbações da personalidade», destacam-se a *personalidade estado-limite* (caracterizada por «esforços frenéticos para evitar o abandono», «perturbações de identidade», instabilidade relacional, ou «impulsividade», por exemplo) ou a *personalidade narcísica* (que se caracteriza por um sentimento grandioso de auto-importância», «preocupação com fantasias de sucesso ilimitado», «crenças de que se é especial», por exemplo). Todavia, muitos dos sintomas da estrutura borderline observam-se dispersos por alguns tipos de perturbação, com manifestações clínicas que se aproximam da compreensão, estrutural e dinâmica, da psicanálise a propósito destes quadros. Sintetizemos essas perturbações numa tabela:

	Episódio Depressivo Major	Perturbação Distímica	Perturbação Depressiva	Perturbação Bipolar	Perturbação Ciclotímica	Perturbação do Humor sem outra especificação	
Perturbações da personalidade	Perturbação Paranóide	Perturbações Esquizóide e Equizotípica	Perturbação Anti-social	Perturbação Estado-limite	Perturbação Narcísica	Perturbação Dependente	Perturbação Obsessivo-Compulsiva
Perturbações da Ansiedade	Ataque de Pânico	Agorafobia	Fobia Social	Perturbação Obsessivo-Compulsiva	Perturbação de Ansiedade Generalizada		
Perturbações de Somatoformes	Perturbação de Somatização	Perturbação Somatoforme Generalizada	Perturbação de Dor	Perturbação Dismórfica Corporal			
Perturbações Dissociativas	Amnésia Dissociativa	Fuga Dissociativa	Perturbação Dissociativa da Personalidade	Perturbação de Despersonalização			
Perturbações do Controlo dos Impulsos	Perturbação Explosiva Intermitente	Cleptomania					
Perturbações da Identidade de Género Perturbações de Identidade de Género							

Figura 3 – Alguns quadros clínicos da DSM IV e sua semelhança com a patologia borderline

Como se observa, a enumeração de sintomas, para mais, dispersos por diversas perturbações, não permite operacionalizar minimamente uma estratégia psicoterapêutica que, com método alivie o sofrimento e reestruture a personalidade.

Mas, para além do diagnóstico semiológico de patologia borderline, que características se observam no seu diagnóstico estrutural? O termo borderline surgiu inicialmente descrito por Hugues (1884). No entanto, tal como a compreendemos hoje, a patologia borderline representa um conjunto diversificado de quadros clínicos, caracterizados por manifestações que se aproximam da neurose como, por vezes, se confundem com quadros psicóticos, e que, nem sempre, têm merecido abordagens teóricas claras e nem esclarecimentos clínicos precisos.

A patologia borderline manifesta-se por um polimorfismo defensivo, onde convivem a identificação projectiva, utilizada defensivamente, a par de uma clivagem operante entre a idealização do eu e a projecção das partes más, que domina os movimentos defensivos destes quadros, com uma projecção permanente da culpa e a organização de uma identidade difusa.

Outros sintomas defensivos da patologia borderline:

- Identificações projectivas difusas;
- Clivagem operante, entre a idealização do eu e a projecção das partes más;
- Sentimento dum vazio depressivo letal;
- Angústias claustro e agorafóbicas;
- Presença de vários núcleos não-comunicantes no self a que Green chamou arquipélagos;
- Depressão anaclítica, a par de emergência de núcleos melancólicos, vividos como um vazio depressivo letal;
- Equivalentes depressivos (queixas álgicas, anorexia periódica, insónia periódica, formas digestivas, formas cutâneas;
- Crises frustres de angústia (Freud, 1895), perturbações cardíacas e perturbações respiratórias;
- Relações de objecto mediados por um narcisismo maligno (como Kernberg refere), que ora se traduzem por tendência suicidárias, por ataques à imagem do corpo, ou em perversões relacionais;
- Oscilação entre o controle mágico e o controle omnipotente na relação com a realidade e com os diversos objectos de relação;
- Impulsividade.

Como se manifesta na relação clínica a Patologia Borderline?

Através de uma fantasia inconsciente de loucura ou através de projecções continuadas na desqualificação maciça dos objectos de relação, por forma a manter em níveis toleráveis o fantasma de enlouquecimento subjacente a estas estruturas

A contratransferência tanto pode traduzir-se pela inibição mental do analista, como pela sua sonolência, incomodidade ou ira, por exemplo. Em quaisquer circunstâncias, uma tal reacção deve merecer uma interpretação centrada na relação, por forma a que tais reacções do analista não desencadeiem uma contra-transferência agida. Já a transferência estimada passa por ser expectável que estes pacientes projectem no terapeuta expectativas frustres e desqualificadas em relação às suas competências para a regeneração interior, mediadas por acessos de altivez ou de arrogância em relação a ele, que parecem reproduzir, no essencial, os traços predominantes da relação de objecto com que o paciente borderline terá convivido até aí.

A depressão borderline tem, permanentemente, uma atmosfera abandónica. O impasse abandónico faz com que estas pessoas tivessem todas as interacções dominadas por angústias claustro e agorafóbicas. Portanto, ao chegarmo-nos, interpretativamente, a elas, que é o que mais anseiam ter, recebem esta proximidade como tão sufocante que, a seguir, precisam de faltar uma, duas, três vezes, impondo a distância que torne tolerável a angústia claustrofóbica. Mas se, depois, um terapeuta não interpreta subtilmente esta angústia ("eu não me esqueci de si"), elas sentem esse seu silêncio como uma barreira abandónica. Daí que, por vezes, nas férias, eu escreva a estes pacientes um breve postal, mais ou menos asséptico mas que, no fundo, represente um gesto de lembrança da minha parte que aplaque, antes delas se manifestarem, as angústias abandónicas.

Os pacientes borderline manifestam uma angústia e uma depressão encapsuladas que passam, muitas vezes, pelos testes que avaliam esses parâmetros como se não se registassem quaisquer anomalias relevantes. Porque é uma depressão sem o colorido abertamente depressivo. Será uma depressão que resulta da contenção que emerge, a espaços, sob a forma de expressões ou de esgares de uma enorme violência ou, noutras circunstâncias, envolvida por uma frieza glacial. Nesse contexto, as manifestações de violência circunscrita (a que, habitualmente, se foi chamando raiva narcísica) surgem como testes recorrentes à vinculação, diante de uma atmosfera, repetidamente, abandónica que domina todos os seus actos.

Nos quadros com um colorido borderline, destaca-se, sobretudo, um impasse narcísico oscilando entre um fantasma de domínio e a fantasia de dominação. No fundo, o narcisismo representa uma fantasia de afirmação omnipotente sobre os outros, movida pelo anseio de adoração, como forma de aceder a uma blindagem defensiva contra as ameaças fóbicas e paranóides condensadas no amor próprio. Ou seja, o narcisismo é um de denegação da inveja e das angústias paranóides representando, de certo modo, um movimento para-homicida, onde os outros são tomados como rivais em relação à avidez por um amor primário em cada objecto de relação. Visto assim, talvez todo o narcisismo seja de morte.

Ganhará, assim, sentido a compreensão de Fonagy e Target (2000), quando compreendem a patologia borderline sob o termo «equivalência psíquica», que caracteriza um modo de funcionamento que estabelece uma correspondência directa entre os estados internos e a realidade externa, enfatizando o facto dos estados mentais, nestes casos, serem equivalentes, em termos de poder, causalidade e implicações, aos acontecimentos do mundo externo». Isto é, haverá, nos quadros clínicos com predomínio narcísico, uma falha básica em que duas partes do próprio interagem: uma, idealizada; outra, projectada, por fragmentação, sobre os outros.

4.2. *A vida anterior na psicose*

Como se diagnostica a psicose na DSM-IV? Como se observa na tabela seguinte, a enumeração de sintomas (para mais, dispersos) por diversas perturbações, não permite operacionalizar minimamente uma estratégia psicoterapêutica que, com método alivie o sofrimento e reestruture a personalidade.

Esquizofrenia e outras perturbações psicóticas	Perturbações do humor
Esquizofrenia Ideias delirantes, alucinações, discurso e comportamento desorganizados, persistindo pelo menos durante seis meses	Perturbações depressivas
Perturbação esquizofreniforme Sintomas idênticos aos da esquizofrenia com a duração mínima de um mês e máxima de seis meses	Perturbações bipolares
Perturbação esquizoafectiva As características esquizofreniformes entrecortadas por um episódio depressivo major, um episódio maníaco, ou um episódio misto	
PerturbaçãoDelirante Ideias delirantes não bizarras	
PerturbaçãoPsicótica Breve Sintomas idênticos aos da esquizofrenia, com a duração mínima de pelo menos um dia e máxima de um mês	

Figura 4 – Algumas características da estrutura psicótica repartidas por diversos quadros da DSM IV

Partindo de coordenadas psicanalíticas, pode elaborar-se um diagnóstico mais fino e mais microscópico das manifestações psicóticas. Sem ignorarmos o diagnóstico dinâmico (ou, se preferirem, uma leitura psicanalítica da sua etiologia), podemos identificar, como características sintomáticas típicas de uma estrutura psicótica:

1. intolerância recorrente à frustração;
2. predomínio de impulsos destrutivos e da angústia de morte por mentalizar;
3. predomínio da inveja e de uma angústia catastrófica de destruição primária;

4. predomínio dos processos de incorporação como identificação projectiva patológica reversiva;
5. transferência dominada pela clivagem estática;
6. arrogância (como estado major do desprezo), que origina defesas maníacas major;
7. alucinações (como refere Bion):
   a) fugazes – constituídas por um *fraccionamento sensorial* (ver mal, *ou* não entender, por exemplo) que resulta da falência da clivagem estática;
   b) invisíveis – relacionadas com estados mentais dolorosos evacuados que têm a ver com *gestos e atitudes bizarras, ou de sacudidelas musculares*, que resultam da fragmentação muito intensa do self;
   c) francas – que se traduzem em *pensamentos ou actos* que evacuam a dor mental.

Já a sexualidade na psicose traduz-se em angústias paranóides manifestadas em dois conteúdos essenciais: nos homens, pela ameaça de homossexualidade; nas mulheres, como ameaça de violação. Partindo da organização do pensamento na psicose, a sexualidade, em lugar de ser sentida como um gesto espontâneo, é tomada como uma ameaça enlouquecedora e letal. A contenção obsessional do pensamento na psicose, manifesta-se, a nível da sexualidade, como se implicasse uma exigência ditatorial de dessexualização absoluta (aproximável da sexualidade dos anjos), de onde resulta uma permanente iminência sexual no pensamento, resultante da vida emocional que resiste à mortandade melancólica. A sexualidade é vivida como invasiva e diabólica, e tomada como potencialmente destrutiva de todas as relações vividas (ou, simplesmente, imaginadas), oscilando num confronto mortífero entre uma parte angélica e uma ameaça diabólica.

A transferência surge, no contexto da clínica analítica da psicose, como se fosse denegada. Assim, a transferência na psicose não será uma "transferência tradicional": é uma aparente não-transferência, denegando-se o analista como pessoa, entrecortada por "fogachos transferenciais". As consequências dela são, em muitas circunstâncias, aquilo a que tenho vindo a chamar Contra-transferência de Medusa, no sentido de explicitar o movimento de retracção paralisante, no plano mental, que ele desencadeia, como se fosse um olhar mortífero de dor e de desespero (no sentido de Begoin), que parece aniquilar-lhe a função analítica da personalidade.

A sexualidade, surge, assim – e em muitos momentos da análise – como a única imaginação que se articula contra o quase nada do espaço psíquico, marcado pela ausência de objectos internos vivos, metabólicos e criativos. No limite, a ausência de pessoas no plano do self repercute-se, como eco do pensamento, nos conteúdos delirantes que, deste modo, não serão anti-pensamentos, como Racamier referia, mas conteúdos oníricos, muitas vezes reduzidos ao sensorial (como se as vozes ouvidas devessem dar voz aos sentimentos que, doutro modo, parecem não poder mentalizar-se. Mas, ainda assim, retirassem a dimensão objectal às pessoas, desagravando a consciência do nada interno ao transformá-las em vozes vividas indiferenciadamente).

Que características podem revestir os sonhos na psicose? Para Cappozzi e Masi (2001), «as qualidades do sonho psicótico não correspondem às dos sonhos ditos normais», não tendo qualidades de representação, sendo fragmentados e sem significado.

4.3. *Os três conteúdos de um delírio*

Tenho afirmado que a mania representa uma defesa contra a esquizofrenia, e a esquizofrenia uma defesa contra a melancolia. Por outras palavras, se perspectivarmos toda a vida mental através duma inevitabilidade objectal, o núcleo da psicose é a melancolia.

Iniciemos a nossa reflexão a partir do exemplo de um delírio paranóide. Será que desconfiar de tudo e de todos, como Bion e tantos outros psicanalistas foram afirmando, um «ataque ao pensamento»? Não, por muito ininteligíveis que pareça. Desconfiar de tudo pode ser uma forma de confiar ao terapeuta que não se confia em ninguém; nem na própria sombra. Ser perseguido por todos pode significar não se poder confiar em ninguém. Ainda assim, se isso é confiado ao terapeuta, há uma margem de esperança nesse cataclismo de desconfianças cumulativas. Qual a vantagem desta reformulação? Em primeiro lugar, recoloca a problemática central de quem sofre no sofrimento violento, protagonizado por alguém, no contexto de uma relação siamesa. Em segundo lugar, não literaliza uma metáfora e abre espaço para a interpretação, centrada na transferência.

Tomo, a partir de Meltzer, a mente como função geradora de metáforas. Partindo daqui, se tomarmos qualquer produto do pensamento como uma metáfora, talvez nos possamos perguntar se um delírio, por ininteligível que pareça, não comunica três mensagens numa só. É essa a minha opinião a partir, aliás, dos contributos trazidos por Freud. Num primeiro momento, um delírio comunica, através duma *reacção contra-transferencial de afastamento e de repulsa* (observável num sorriso cínico, na repugnância ou na violência que ele desperta em quaisquer pessoas com quem interage, psicoterapeuta incluído). Representa a defesa maníaca com a qual um psicótico mete medo ao medo persecutório. Num segundo momento – se o terapeuta não ponderar a interpretação centrada nos planos objectais, subjacentes aos sintomas psicóticos e se não tomar em consideração a estimativa que a experiência cumulativa de relações violentas poderá ter na transferência – esse eco do pensamento (que, tal como Klein e Bion foram chamando a atenção, contém um movimento de clivagem, de projecção, e de controle omnipotente dos conteúdos do próprio pensamento nas pessoas da relação) faz com que o terapeuta reproduza a mesma ausência de disponibilidade de acolhimento para os apelos ao apego que o psicótico foi sentindo no objecto de referência, podendo desencadear uma mortificação agravada e um definhamento de todos os recursos de vida. A este fenómeno poderemos chamar *transferência dominada pelo objecto persecutório* (o que, se for compreendida desta forma e utilizada interpretativamente) já tem um valor clínico fantástico. Num terceiro momento, comunica um *apelo ao apego*, amalgamado nos dois conteúdos anteriores do próprio delírio.

Voltemos a um conteúdo do género «todos me perseguem» ou «todos me querem destruir», para além dos aspectos macroscópicos que veicula. Poderá significar «todos me fazem mal». Ou, indo adiante, pode querer dizer «por mais que tente, não há ninguém em quem possa confiar (nem na minha sombra confio)». Ainda assim, alguém em pleno desespero, confia-nos que não pode confiar em ninguém, o que evidencia uma nesga de esperança em nós. Ou, por outras palavras, apesar de se sentir maltratada por inúmeras circunstâncias que a defraudaram, uma pessoa dá-nos, ainda assim, o benefício da dúvida.

Por outras palavras, a paranóia não representa, para mim, um ataque ao pensamento mas, antes, uma forma de aprender com a experiência, que resulta da aprendizagem cumulativa de experiências duma paradoxalidade estonteante do objecto de referência, e de uma multiplicidade de remorsos sentidos como irreparáveis por não encontrarem remissão e compreensão em nenhuma relação reparadora, e que, assim, se transformam em pensamentos que perseguem um pensador. Daí que, por isso, tenha chamado a atenção para a *psicose como solidão objectal* e, também, tenha afirmado que a psicose não serão todos os pensamentos que perseguem um pensador mas, antes, todos os pensamentos que não encontram nenhuma relação em que sejam mentalizáveis.

4.4. *A Desertificação Melancólica*

Os objectos de relação maus (por mais que permaneça incompreensível a razão de ser da sua maldade) delapidam a esperança e vandalizam a realidade interna. Sobretudo, pelo modo como desertificam o espaço mental de objectos, e desvitalizam e demonstram a «ambitendência» (Fairbairn) com que brutalizam os ritmos de uma relação. Por outras palavras, o que dói mais na psicose é expectativa de que cada nova relação avive a expectativa de uma ressurreição interior e, ao mesmo tempo, traga uma nova *delapidação da esperança* (através da consciência que cada novo objecto maximize, geometricamente, o vandalismo e os danos do objecto de referência). Daí que, no fundo, a *psicose seja sinónimo de luto patológico* (de uma morte em vida, de uma perda que se faz através de surtos hemorrágicos que se impõem através da *exuberância mortífera do objecto de referência*, que vandaliza o protagonismo que os sentimentos do próprio deveriam representar) assumindo o psiquismo um espaço hospedeiro para o mortandade demoníaca do objecto. Um objecto demoníaco faz recordar a saga de qualquer filme de terror, quando, um extra-terrestre ou um diabo, por exemplo, possuem um corpo, que desvitalizam, e em cujos recursos vitais precipitam uma mortandade. Daí que, há tempos, venha falando da relação de objecto psicótica como *relação de objecto siamesa*, em que a presença do outro se transforma no primeiro obstáculo à expressão viva do psiquismo e o primeiro recurso da sua sobrevivência.

Geralmente, esta aparente possessão demoníaca é insidiosa e lembra uma "violência de renda" que, em muitas circunstâncias, se faz sem actos isolados de uma violência assustadora, mas através de gestos de *violência cumulativa*. Daí que, na maior parte das circunstâncias, aquilo que precipite o episódio psicótico seja uma fantasia, um pensamento, um impulso ou um sonho incontidos que desencadeiam a falência dos mecanismos obsessionais que se foram desenvolvendo em reacção à malignidade relacional, desencadeando uma enxurrada semelhante à fractura duma barragem, com a consequente culpa persecutória que esses pensamentos e essas fantasias incontidas desencadeiam. Todavia, a culpa persecutória encontra nesse episódio, e nas reacções vitais com que se faz frente à malignidade do objecto de referência, um *souvenir-écran* com que dilui a malignidade do objecto que se expande como se fossem metástases) quando, na verdade, é a forma como ele se aloja na vida dessa pessoa (e não esses sonhos, pensamentos ou impulsos) que provoca *a culpa melancólica que gera a psicose*.

4.4. *Depressividade e Melancolia*

A perda do amor do objecto em presença dele pode manifestar-se em dois momentos diferentes: ou no decurso da relação precoce (que tomo desde a relação intra-uterina até aos dois anos) – através do que Fairbairn chama a «ambitendência original» – ou no decurso da segunda infância, em que os movimentos de autonomia e de afirmação de uma criança transformam a idealidade narcísica, com que foi investida pelo objecto de referência, num abandono (sentindo-se a criança, em diversas circunstâncias, num Messias que se converte num Judas). A «ambitendência original» desencadeia um vandalismo dos ritmos do bebé (que, desde o início da sua vida, intui e pensa, e se encontra preparado para a alteridade e para a triangulação), levando a uma espécie de «loucura a dois». Isto é, um bebé ou uma criança jamais privilegia a mãe como objecto primário. Idealmente, seria assim. No entanto, talvez não haja um objecto primário mas um objecto de referência (que, se a gravidez e a relação precoce decorrerem sem sobressaltos, será a mãe), e outros, em paralelo, que o matizam. Por outro lado, um bebé ou uma criança jamais interiorizam «objectos parciais», como Klein referia, mas objectos predominantemente bons ou predominantemente maus, e «objectos bifaciais» (Coimbra de Matos, 2001). A clivagem bom/mau já representa um movimento defensivo, muito elaborado, contra a bi-facialidade do objecto. Já se, no lugar da «ambitendência original», se observar uma relativa adequação aos ritmos, sentida como se um bebé ou uma criança concretizassem a idealização do objecto de referência acerca de si próprio, ele comporta-se como «narcísico--narcizante» (Coimbra de Matos, 2001), mantendo o bebé ou a criança numa atmosfera messiânica, até que se dê uma decepção recíproca, em consequência dos movimentos de autonomia, sentidos pelo objecto como hostis. Um investimento narcísico tem um efeito de ressuscitação de partes mortificadas do self, dispersas em diversos objectos relacionais por projecção (tomados como "bodes expiatórios" ou, banalizando, como "inimigos de estimação"), que alivia o self do sofrimento e evita que ele se desmantele. Este movimento que elege um objecto para as fantasias de ódio ou como continente de desqualificações narcísicas representa um mecanismo borderline a que chamei *fragmentação contida*, cuja textura se assemelha aos movimentos defensivos da psicose.

Numa relação «narcísico-narcizante», observamos que a «falha básica» – que, numa relação dominada pela «ambitendência original» se organiza como resultado da bi-facialidade do objecto – mascara (através de uma atmosfera dominada pela «depressividade» (Coimbra de Matos, 2001), pela sensação de vazio, pela angústia de abandono, e através de uma vitimização recorrente), um mundo interior que, por falência de triangulações objectais, se traduz num «quase--nada objectal». Esta vitimização que esconde um tom maníaco do género "eu sou o maior dos coitadinhos" surge:

- como forma de iludir a retaliação narcísica do objecto;
- como modo de falar, com arrogância, do desprezo em relação a todas as outras relações reparadoras, dando a entender que a pena é o melhor que pode esperar delas, já que o amor de objecto idealizado não existe;

– como modo de camuflar a inveja narcísica, submetida ao pressuposto de que a um fraco tudo se perdoa).

Já numa relação dominada pela «ambitendência original», observa-se um sentimento permanente de «quase-morte« (Betty Joseph, 1992), em que a bi-facialidade do objecto faz com que as pessoas se absorvam cada vez mais «(...) em desesperança, envolvendo-se em actividades que parecem destinadas a destruí-los física e mentalmente». Neste contexto, o sentimento melancólico é sustido, defensivamente, através de defesas maníacas (controle, desprezo e sentimentos de triunfo, como referia Klein), de arrogância (Bion), da «esquizoidia» (Fairbairn), do «vício da quase morte» (Betty Joseph), ou de ideias de ruína (que representam uma forma de ludibriar o objecto que parasita e de preservar alguma tonicidade narcísica). Por outras palavras, a relação de objecto melancólica é uma *relação siamesa*, enquanto a borderline é simbiótica, havendo numa e noutra a parasitação, pelo objecto de referência, dos recursos vitais do bebé ou da criança, que encontra neles uma oportunidade para encenar dramas infantis que se perpetuaram noutras relações e que a projecção foi tornando suportáveis.

4.6. *As duas formas da melancolia*

A depressividade e a melancolia representam, a meu ver, duas formas da mesma perda do amor do objecto: dois níveis da mesma melancolia. Na depressividade, o sentimento de vazio surge como forma de se proteger a consciência de um nada objectal. Na melancolia, o nada objectal, sentido como uma morte iminente, só é sustido pela defesa maníaca, seja na sua versão esquizofreniforme como ou na sua versão maníaca.

Na depressividade e na melancolia, exorbita o domínio do objecto de referência: vivido numa relação siamesa, na melancolia, e num registo simbiótico, na depressividade. Na melancolia, o objecto de referência é sentido como um corpo-estranho que parasita o interior e se alimenta dele. Na depressividade, dispersa-se por diversas relações no registo duma projecção contida.

Na depressividade e na melancolia, a dor melancólica enquista-se em diversas manifestações psicopatológicas:

- na melancolia [em que a culpa persecutória representa uma *imolação melancólica*, como reacção de vida à culpa persecutória que resulta da introjecção da maldade (Coimbra de Matos, 2002)];
- na *fragmentação contida* das projecções em "bodes expiatórios", exorbitando a defesa narcísica;
- na *consciência fantasmática do desejo de perda do objecto* (subjacente aos episódios de angústia);
- no desejo de precipitar a perda, sustido por defesas maníacas, assumido como uma *obstinação homicida do objecto*, que desencadeia a esquizoidia e a psicopatia.

O que têm os diagnósticos estruturais de patologia borderline e de psicose em comum?

- A «*falha básica*», que traduz uma relação com dificuldades de aceder à alteridade e de crescer com ela, com a consequente imposição do objecto de referência sobre os ritmos dos bebé e da criança, com a delapidação dos recursos mentais filogenéticos («instinto de vida») e ontogenéticos.
- A solidão objectal, com a particularidade da depressividade borderline parecer uma melancolia em "banho-maria". Ou, fazendo uso de uma imagem da clínica médica, a melancolia mantém-se compensada num abcesso melancólico que, numa altura de maior fragilidade emocional, entra em ruptura e derrama e propaga a doença melancólica. A este propósito, Winnicott parece ter um entendimento semelhante ao referir que «(...) pelo termo borderline se entende (...) todo o tipo de casos onde o núcleo da perturbação é psicótico, mas onde o paciente tem uma organização psiconeurótica ou psicossomática quando a angústia ameaça emergir duma forma brutal»;
- A *culpa* como resultado da «introjecção da maldade do objecto» (Coimbra de Matos, 2002). Na patologia borderline, a clivagem já representa uma reacção muito saudável à culpa persecutória, que resulta da introjecção dessa maldade, na medida em que uma pessoa se insurge contra uma parte de si, sentida

como uma força mortífera que vem de dentro e que se projecta para que se torne tolerável. Na melancolia, o objecto de referência alimenta-se da vitalidade do doente melancólico, que parece representar um objecto hospedeiro da maldade do objecto de referência que, em função dessa "possessão, permanece vivo;
- A «*incapacidade de fixar a líbido* de forma durável e positiva» (Abraham, 1965);
- A *ausência de uma triangulação* relacional, metabólica e propulsiva. Por outras palavras, sempre que não há triangulação há pré-psicose e psicose. Ou, de forma mais enfática, se associarmos a triangulação à saúde mental, toda a psicopatologia se resume a duas bases: a saúde e a loucura (tomada, aqui, como sinónimo de psicose);
- *Predomínio de barreiras defesas narcísicas.* Na patologia borderline, o narcisismo representa uma denegação da inveja de morte que se sente, enquanto que a angústia de morte que ela não ilude, se projecta, como uma "bomba de fragmentação" (disparando estilhaços projectivos sobre múltiplas pessoas, grande parte das vezes, mascaradas de desqualificações narcísicas), ou encapsula-se em queixas hipocondríacas (com valor de metáfora da mortificação dos recursos saudáveis, em resultado da possessão do objecto de referência). Isto é, aquilo que, habitualmente, se diagnostica como psicose, representa uma defesa anti-psicótica contra a emergência do núcleo melancólico, esse sim, mais do que sinónimo de loucura corresponde a experiências psicótica de «quase-morte».
- O controle obsessional e omnipotente da angústia que se inicia no controle das relações, se estenda ao controle dos actos e termina na tentativa de controle das emoções;
- Prevalência de episódios violentos que se sobrepõem e se enovelam fazendo com que prevaleça a confusão onde deve estar a integração.

Sintetizemos esta compreensão em dois esquemas de síntese:

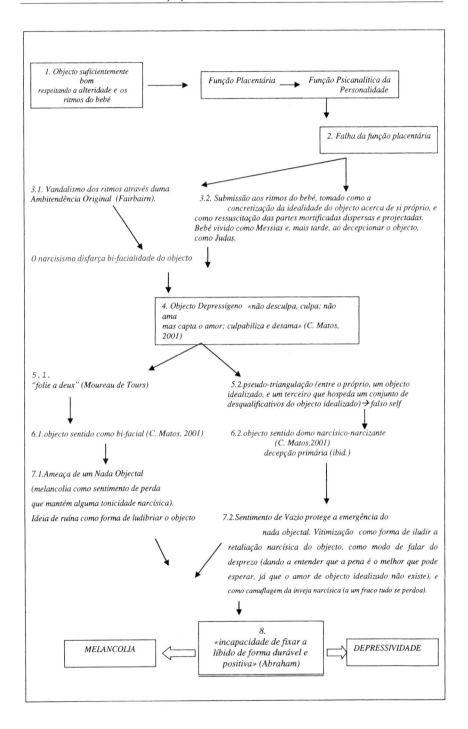

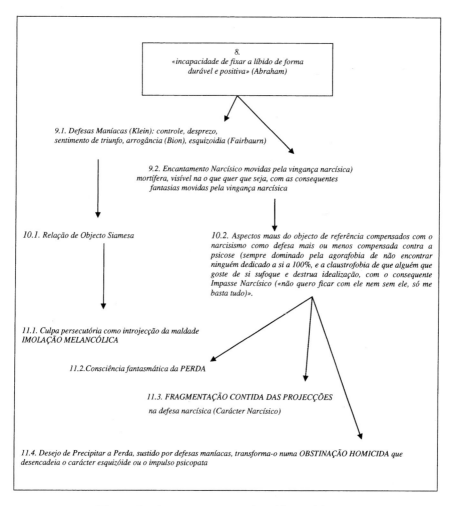

Figura 5 – A estruturação melancólica subjacente
à patologia borderline e à psicose

5. A memória da idealidade perdida

Platão, como vos disse, temia que, depois do deus Toth ter inventado a escrita, os homens deixassem de se recordar. Já então as palavras pareciam estar perto da magia com que se eterniza o passado, e do esquecimento com que as palavras, por vezes, mascaram as imagens sensíveis e os afectos na memória.

A psicose representa um tentativa de ressignificar a memória sem permitir que ela cumpra a sua função organizadora no esquecimento, transformando-a num fazer por esquecer. Mas, sendo assim, como se poderão esbater os aspectos tumultuosos da relação, e promover a reconciliação de uma pessoa que se debate com a solidão objectal com a vida? Retomando, de novo, Coimbra de Matos (2002), o trabalho de cura da depressão passa pela «deflexão da agressividade com inculpação do objecto depressígeno» e pela «recuperação da idealidade perdida na idealização do objecto». No contexto de uma relação clínica – digo eu – em que se o analista:

- não interprete os sintomas psicóticos e se centre no núcleo melancólico da psicose e da patologia borderline;
- promova, através da análise da transferência, a triangularidade interrompida no decurso do desenvolvimento;
- tolere a atenção que lhe é solicitada, com o consequente diálogo telepático, típico da relação precoce, que se faz através da comunicação contratransferencial que decorre, muitas vezes, no silêncio da sessão;
- tome a vinculação da relação analítica como a restauração do núcleo do self, sem o qual não será possível a função placentária que sustenta a fé na vida, que dá coesividade ao núcleo do self, e viabiliza a triangularidade.

Só assim o fazer por esquecer da solidão se transformará no esquecimento que viabiliza a competência para pensar, sustentada por um aparelho de pensar composto pelos cidadãos da memória que trazem luz ao pensamento.

O núcleo melancólico da psicose:
reflexões a propósito de um caso clínico[5]

1. Os remorsos

Das diversas formas de depressão, talvez o cansaço seja (de entre todas) a mais popular. O cansaço é uma bruma que desce, devagar. Que, primeiro, nos faz aborrecer com os pequenos pormenores que dão cor e forma e movimento e luz à vida. E, depois, nos convida a fugirmos de nós próprios, como se vivermos com tudo o que sentimos nos moesse, fosse doído e, sobretudo, se tornasse claustrofóbico, sem quaisquer oportunidades de resgate.

Morrer, devagarinho, para a vida é inseparável do cansaço. Umas pessoas, morrem debatendo-se, invejosamente, contra a vida que sentem em alguém. Outras, de forma condescendente e resignada. Ambas se alimentam da vida, nas relações onde se hospedam e mortificam, mais ou menos em silêncio. (Isto é: numa relação, ou se ganha vida, sempre que multiplicamos a nossa na dos outros, que são importantes para nós, ou se morre para a vida, sempre que morremos – um bocadinho, que seja – para eles). É por isso que o cansaço, como forma de depressão, mata, devagarinho, e, ao contrário

---

[5] Este trabalho resultou de uma elaboração de duas equipas clínicas que tento coordenar. Uma, em Lisboa (Crescer para Sempre) e outra, em Coimbra (Bebés & Crescidos) O caso clínico tem vindo a ser seguido pela Filipa Costa Pereira, sob minha supervisão. As revisões bibliográficas foram da responsabilidade da Carla Albano, da Carla Ramalho e da Ana Rita Seixas. A revisão do trabalho foi elaborada com a Raquel Vieira da Silva.

Os conceitos, as propostas de leitura clínica e as (re)construções teóricas são da minha responsabilidade.

É, também, minha a responsabilidade – que estas colegas têm vindo a enriquecer – de interpretar a psicanálise como um método aberto e plural.

das histórias de terror, transforma muitas pessoas em vivos-mortos. Sempre que alguns cidadãos do nosso mundo nos matizam de penumbra, a alma (como coisa-em-si, que condensa todos os gestos de fé e de amor que guardamos cá dentro) transforma-se, por isso, num banal e pachorrento coração (que, embora bata... mata).

Não há, portanto, que temer as almas penadas. Mais do que os mortos em revolta, são os vivos que nos matam, logo que pedem um pouco mais da nossa vida, sem que se dêem em troca. Dos mortos, só a forma paranóide de vivermos os remorsos é que nos destrói. Mas, piores, são os pequenos remorsos que se acumulam diante das decepções que guardámos para nós, que enchem de pó os nossos sonhos. Remorsos são saudade e rancor, ao mesmo tempo. Saudade de tudo o que não se viveu. E rancor por quem, nos devendo dar luz, nos foi conduzido à penumbra e às trevas. É quem nos adormece que nos cansa para a vida. E a esta desvitalização interna dos objectos do nosso mundo podemos chamar, simplesmente, melancolia. Valha a verdade, uns mais do que outros, todos padecemos desse sofrimento.

2. O Diabo somos nós

Mas há pessoas para quem, «muito cedo se tornou tarde demais». Com Lara foi assim. Para ela, o cansaço nunca foi um acontecimento mais ou menos banal. Na verdade, Lara é uma mulher onde os 33 anos parecessem ser 40. O primeiro contacto é feito, telefonicamente. Deixa recado à secretária, num tom desesperado, acompanhado de um choro convulsivo. Chega muito desinvestida, por fora (roupa escura e larga, cabelo bastante branco, magra demais... e sem cor). Tem um aperto de mão muito agressivo (talvez hostil), especialmente quando contrasta com a sua aparência, tão frágil.

Vem desesperada. Desde o início chora, sem parar. Enquanto fala, continuam a correr rios de lágrimas que lhe molham a roupa.

De início, apesar do desespero em que se encontra, não vai directa ao assunto. Diz que me quer contar «mesmo tudo», mas sinto-a aos rodeios, num discurso muito disperso, no qual se vai perdendo, como se as palavras fossem um mata-borrão que lhe absorve o sofrimento. Depois, toma consciência do atropelo dos temas de que me fala e, após uma pausa, pede desculpa.

Diz que durante as consultas de gravidez se apercebeu que muita coisa correu mal no seu passado. Demorou três anos para engravidar da primeira filha, e conseguiu-a após um tratamento para desobstruir as trompas. Foge a falar da gravidez e passa à descrição do caos em que se tornou a sua vida, após o nascimento desta filha. «Sinto-me confusa, insegura, desorientada, hesito demais, até fico sem saber o que lhe vestir. Tudo me desorienta. A desarrumação da casa... No médico, estranham as minhas perguntas. Parece que não sei como cuidar dela... Outras vezes não, tudo corre bem...».

Descreve um ambiente familiar demasiado agressivo. O pai era alcoólico, e acabou por morrer, em consequência de uma cirrose hepática, quando tinha 28 anos. Sempre teve uma relação muito distante com ele, que se acentuou após o divórcio dos pais, quando Lara tinha 13 anos. Já quando fala da mãe, a revolta é visível. Comenta que nunca teve, sequer, um beijo, até porque viveu, desde sempre, com muito medo dela. Tinha de se comportar exemplarmente, quieta e calada. De outra forma sujeitava-se a agressões físicas e verbais. Diz-me que a única pessoa que lhe deu afecto foi a avó materna (chora muito ao falar dela!), embora isso enfurecesse a mãe. A avó tinha adoecido, há cerca de três meses, com Alzheimer, e está praticamente incapacitada. Diz que sem ela não vai conseguir orientar-se e defender-se da mãe (que, ultimamente, centra as humilhações nas incompetências maternas de Lara).

Sinto-a à mercê da mãe e incapaz de deter a forma como a agride. Pergunto-lhe porque é que se deixa agredir. Interrompe-me, atónita e assustada: «acho que ser agressivo é sempre muito mau!!». Porque é que a tortura por um mau objecto empurra para uma contenção agressiva tão exuberante? (Porque é que existe um controle omnipotente, que escora a vida emocional, subjacente à experiência mental dos traços psicóticos?). Porque desafiar a violência mortífera pode significar expor-se à morte? Sim. Porque é tanta a violência contida que descontrair signifique descontrolar, desmantelar-se e morrer? Também. Porque a consciência das contradições dos sentimentos pode ser fracturante, a ponto da clivagem – como defesa contra a ambivalência – se tornar inoperante? Seguramente. Mas, essencialmente, porque o pavor da violência com que se reage (perante a violência do objecto) poder significar a capitulação perante o domínio interior que ele exerce, como se um demónio interior se incorporasse na sua alma. Lara baralha-se. Saltita de tema em tema. Sem grande ligação, solta que há duas coisas que a fragilizam muito: o curso e a condução. Ainda não conseguiu entregar o trabalho final e bloqueia ao entrar no carro. Não conduz desde que a mãe lhe travou o carro, em andamento, e afirmou que ela nunca seria capaz de conduzir. (Na verdade, Lara ora sente diante da ameaça de ficar, irreparavelmente, "destravada" ora se sente na iminência da mãe, ou alguém por ela, a travar em andamento). Vive a relação com a mãe, como duas siamesas que parecem partilhar órgãos e funções e que, por isso, se destroem, mas que anseiam passar uma sem a outra, matando a dependência que sentem. Todavia, podem morrer, ao separar-se.

O espectro da morte tinge a presença da mãe dentro de si: «A minha mãe está bem pior desde que a minha avó adoeceu... Acho que aconteceu algo para a minha avó ter adoecido tão bruscamente, nesta altura, que tanta falta me faz. (Insinua) A minha mãe parece culpada! Se calhar houve ali uma discussão...». (A mãe surge como o Mal. Alguém que não só a definha, por dentro. Mas que mata, também, quem lhe dá vida. Mas, afinal, o que mais aterroriza Lara? Que a mãe possa ter esta poder mortífero, diante dos seus objectos internos vitais, ou que ela, Lara, não tenha feito nada para proteger a avó, dando-o como objecto de sacrifício? Até que ponto a psicose não é um luto patológico: uma perda, irreparável, em que os remorsos corroem e levam ao definhamento de toda a vida interior (diante dos quais quaisquer defesas maníacas não serão, simplesmente, um modo de meter medo ao medo)?

Desde aí, diz que tem estado cada vez mais desesperada. Perder a avó e ganhar uma filha, mais ou menos ao mesmo tempo, fragilizou-a muito. Quando se descontrola, grita, insulta a filha, e já chegou a bater no marido. «Depois, volto a mim. Peço desculpa, e suplico que ele não me deixe tratá-los assim. Ele é maravilhoso. É um artista. E tem uma paciência imensa. Nunca responde agressivamente. Já cheguei a pedir para ele não dormir em casa, porque posso matá-lo (chora desesperadamente!)... Até o gato tem medo de mim. Chega a fazer chichi quando lhe grito. Estou farta de partir coisas lá em casa. Chamo nomes à minha filha. Perco a cabeça! Não sei o que se passa. Sinto que a Teresinha fica assustada. É horrível: chamo-lhe puta, cabra, ameaço que mato os dois. Preciso de ajuda. Já não sei o que fazer. Se não me ajudar, acho que acabo por matar a minha filha. Tem sido horrível! Ela é um bebezinho! Tem só quatro meses. Como é que posso ser assim?! Sou um lixo!» Na filha, Lara vinga-se da mãe. Mas isso atormenta-a, porque isso torna-a igual a ela. Ao mesmo tempo, é como se o ódio e a destrutividade esperassem encontrar na filha um objecto materno redentor e reparador. Isto é, a Lara e a filha acabam por ser duas bebés, aterrorizadas, à procura de uma mãe. A falha básica é, afinal, uma fractura na comunhão objectal primária.

Até às férias de Verão Lara adere à relação de forma voraz. É sempre muito difícil terminar, e chega a pedir para a deixar ficar mais tempo, mesmo que seja preciso pagar o dobro. Sinto-a suplicante. Separar continua a ser quase-morrer. Quando me sente mais constante e segura, na sua vida, fica ultrajante.

Vai relatando episódios da sua infância, num sofrimento pungente. Lara nasceu em Angola e veio para Portugal aos 5 anos. Recorda-se que tinha que ser exemplar. Não podia, sequer, brincar, para não fazer barulho. Vivia muito na rua, com as outras crianças. Quando vieram, instalaram-se em casa da família paterna, uma casa muito grande, onde viviam vários tios e primos. Aos poucos, foi-se fechando. Um dos tios, a pretexto de brincar, despia e apalpava-a. Quando, finalmente, pediu ajuda à mãe, esta enfureceu-se por Lara magoar o tio. Mais que desprotegida, mais que desamparada pela mãe, Lara parece ser, na sua família, uma sem-abrigo.

Aos 10 anos, Lara foi viver com os pais, para um apartamento pequeno, altura em que se apercebeu da violência entre eles. Assistia a episódios nos quais a mãe ameaçava o pai, com facas, chegando a agredi-lo. Uma vez, atacou-o com o escamador do peixe. O pai, cada vez mais alcoolizado, nunca se conseguia defender. Invariavelmente, a mãe terminava, lastimando-se daquilo que ele a obrigava a fazer. Lara tentava tranquilizar a mãe. Diz-me: «Ainda tinha pena dela... Ou talvez medo. Não sei!». Numa das cenas, optou por defender o pai e, em consequência, a mãe pô-la na rua. Ficou em casa dos avós, onde passou uns dias, acabando por presenciar cenas idênticas, nas quais era o avô materno o maltratante.

Aos 13 anos, os pais, divorciam-se. Lara perdeu, praticamente, o contacto com o pai. A vida dela, piorou. Drasticamente! Ficou com a mãe, num quarto alugado. Era uma excelente aluna, mas não tinha amigos. Vivia isolada e silenciosa. «Até hoje, tenho medo de mexer nos botões de um rádio ou folhear um livro porque se a minha mãe ouvia qualquer barulho enfurecia-se... Eu fazia por não existir.» (Numa das discussões da equipa clínica, perdemo-nos de Lara. Demos por nós a conversar acerca das arbitrariedades dos campos de concentração, a propósito do livro "O mal no pensamento moderno". Voltámos a Lara, com a sensação que a mãe de Lara é o seu campo de concentração. Depois de Auschwitz, o diabo não é sobrenatural. Pode ser um de nós. Em Lara, o diabo é uma vulto em tudo o que faz parte de si.)

(Muitas vezes, ao escutá-la, entre choros aflitivos, sinto-me a sufocar. Quando interpreto o quanto ela foi sufocando e deixando de existir, enquanto pessoa, ela confirma, suspira, ganha fôlego e continua. Em determinadas alturas, sinto-a muito próxima e muito carente. Noutras, sinto-a a afastar-se. Por vezes, como numa alucinação visual, sinto-a a encolher na cadeira ou a aumentar, como se se transformasse num gigante. Há momentos, em que não sei quem é Alice e a Rainha de Copas... Fico contente. Quando a contra-transferência nos traz imagens, quando um pedaço de história se transforma num "filme", é sempre positiva. Quando visualizamos uma história, estamos em comunhão. Sendo que a comunhão é uma consensualidade de contra-transferências). Já se, através da transferência, alguém "despeja" sobre nós um objecto persecutório, a transferência é sempre positiva: confiarem-nos todo o mal é esperarem de nós o melhor dos bens.

Aos 15 anos, perante uma das fúrias da mãe, decidiu enfrentá-la. Esta pegou na cafeteira com água a ferver e avançou para ela. Lara, na ânsia de se defender, acabou por lhe dar uma sova. Ficou aterrorizada, tomou muitos comprimidos, para se suicidar. Desorientada, veio para a rua. Foi encontrada por uma colega de escola e ajudada pelo seu pai, que concordou em acolhe-la. Essa família amparou e ajudou-a a sobreviver. Entusiasmaram-na a estudar Arquitectura, em Coimbra, onde veio a conhecer o Zé (seu marido).

Desde o confronto físico, a mãe acalmou a violência física, vingando-se com humilhações, subtis. Até hoje, Lara sente que a família se afastou dela devido à imagem criada pela mãe. Ficou só. Mas será que a solidão relacional não foi protectora? De quem protege a esquizoidia? Do risco de, ao confiá-lo a alguém, o mau objecto ganhe nova vida e mais força, tornando-se mais mortífero. Relacionar-se pode, assim, representar capitular ao seu domínio. Daí que, na psicose, reagir, com triunfo, à necessidade da relação, sirva para denegar os apelos ao apego. Aliás, a psicose será só uma denegação do quase-nada objectal (e da solidão definhante que ele traz). Ou, se preferirem, uma reacção de vida ao sofrimento melancólico.

Durante os primeiros meses da relação terapêutica, Lara decidiu afastar-se, definitivamente, da mãe e iniciou algumas mudanças. Investiu na sua aparência, recomeçou a trabalhar e a conduzir. A distância da mãe sossegou-a, apenas, parcialmente. «Às vezes vou na rua e começo a imaginar que ela aparece. Tenho medo que roube a minha filha, porque ela estava sempre a dizer que nunca conseguiria ser boa mãe». A relação com o marido e com os sogros piorou, consideravelmente. Com a filha, melhorou. Não ficámos descansados. Estas mudanças súbitas não deixam de ser defesas maníacas. Porquê? Porque sempre que os objectos internos não são compatibilizáveis com os objectos de transferência, por mais clivagens ou ambivalências que isso suscite, receamos que se tenha trocado um objecto idealizado por outro. Na realidade, quando objectos internos e objecto da transferência não comungam e se matizam, o objecto da transferência (idealizante) é um recurso maníaco contra os objectos internos. No fundo, as mudanças súbitas são o contrário das transformações.

A questão que nos colocámos foi a seguinte: será que depois de sermos "possuídos pelo diabo" alguma vez nos libertamos dele? Como é que pode existir confiança básica depois de só existir desconfiança compulsiva? Como pode haver fé na vida onde só existia paranóia? Como pode haver luz depois das trevas? Como pode um terapeuta ter fé onde só existia defesa (psicose) contra o sofrimento violento cumulativo, que é a melancolia? Como se pode interpretar a psicose como defesa contra melancolia, revitalizando esta a partir da transferência?

Lara tenta dinamizar-se para grandes mudanças. Há momentos em que sente que a mãe tentará vingar-se. Fala, com grande ódio, dos maus-tratos e dos momentos de profunda tristeza pelo vazio que sente. «Da minha infância sei muito pouco. A minha mãe contava-me pouco. Mas acho que não contava, porque não acontecia nada... (Chora. Muito!). *Nada a registar*!... Dói muito pensar que ninguém foi capaz de dizer à minha mãe que ela estava a fazer-me mal. Fui deixada tão sozinha!... As pessoas até tentavam... Mas desistiam...».

Mais que matar a mãe (o diabo), dentro de si, talvez o enorme desafio de Lara fosse renascer (ressuscitar...) não matando a mãe. Paremos um pouco...

No fundo, o diabo é, simplesmente, uma condensação de sentimentos maus. Por mais que pareça uma coisa-em-si que se impõe ao pensamento, como condensação, o diabo representa o núcleo embrionário de uma função simbólica. No fundo, é uma formação de compromisso entre o desejo de pensar e o impulso para destruir o pensamento. Mas o que são sentimentos maus? Sentimentos maus são todos os sentimentos que não encontram espaço de expressão em ninguém; sentimentos maus são sentimentos desamparados. O amor pode ser um sentimento mau? Mais ou menos... Amor não é um sentimento mas uma consensualidade de sentimentos vividos em comunhão com um objecto. Mas se ao apelo ao apego chamarmos amor, e se o apelo ao apego não encontrar um objecto, o amor sem objecto pode ser um "sentimento" mau. Afinal, má não é a tonalidade dos sentimentos que sentimos. Mau é o medo de magoar ou de destruir com o que sentimos os objectos da relação. Por outras palavras, sempre que desistimos de confiar os nossos sentimentos aos nossos objectos de relação, desistimos deles. E sempre que desistimos um bocadinho da nossa relação, morremos um pouco para a vida. A esta desistência cumulativa podemos chamar purgatório.

Na realidade, a maioria das pessoas vive, em vida, no purgatório (vivem... sem navegar). O purgatório é a bruma dos *ressentimentos* e da assombração, e vai-nos transformando em vivos-mortos. Sendo assim, o Diabo representa um encantamento a que deitamos mão quando a comunhão é uma miragem. O Diabo é um encantamento que nos protege do quase-nada objectal. *O Diabo protege da psicose e a psicose é defesa contra a melancolia.* (Engraçado!... Muito daquilo a que, na bibliografia, se tem chamado psicose não passa, afinal, de defesas contra a psicose.) O mal, de outra forma, é uma defesa contra a ausência do bem. *Aquilo que parece ser instinto de morte é denegação dos apelos insatisfeitos ao apego.* Logo, psicose é sempre instinto de vida. O "instinto de morte" é um apelo desesperado diante de um desamparo sem fim. Isto é, não há "objecto" mais parasitário do que o Diabo em relação a Deus.

Se o mal é uma defesa contra a ausência dolorosa do bem, a interpretação, nos núcleos psicóticos, não pode ser centrada sobre a defesa. Sempre que damos uma realidade ao "diabo" (ou logo que insinuamos ser mais fortes do que ele) ele ganha força. O segredo passa por interpretarmos, dando a entender que: apesar do diabo que vive em ti, tenho esperança de que os dois venhamos a estar em Deus. A dimensão do sofrimento melancólico é proporcional à decepção dos apelos ao amor. Daí que à desesperança, à retirada da esperança dos gestos de vida, ao quase-nada objectal, podemos chamar melancolia. Desespero é, portanto, o fantasma de um amor sem objecto.

E Deus... existe? Não. A não ser como estado de comunhão. Nunca chegamos ao céu. Sempre que nos sentimos no céu, a comunhão dá origem ao narcisismo. Quando muito, estamos (para sempre) a caminho do céu. Por outras palavras, e recordando-vos: o inferno é uma defesa contra o purgatório. A infância (não como um período do desenvolvimento mas como um estado mental (associável à saúde mental) representa uma qualidade de inocência diante do conhecimento, de sensibilidade e de abertura para o encantamento) é estar a caminho do céu.

À medida que sinto Lara mais na relação comigo, também a vou sentindo, por vezes, mais hesitante. Numa sessão em que chega com 15 minutos...

– Porque é que acha que, às vezes, chego atrasada? Há uma parte minha que quer vir, que sabe o quanto melhorei, que pensa. Outra, que acha que devo ficar por aqui... Vir cá tem-me mudado muito! Mas há muita coisa que não está bem. É um equilíbrio muito frágil! (O insight toma o lugar da defesa...)

Entretanto, Lara desmarca 2 sessões. Engravidou, por acidente, e abortou, espontaneamente. Recorda o nascimento da filha, o desamparo que sentiu, a sensação de enlouquecimento, e a necessidade de a proteger de si própria. Diz: – Falamos do Diabo... mas o Diabo somos nós! Acrescento: «Ou todas as pessoas com quem se só se pode ter um pacto para sobreviver.»

(Lara faz um silêncio...) – A única coisa que me dá esperança é a minha filha! No final da sessão, diz que não se despede porque esteve a chorar muito e pode estar com a mão suja. Cumprimento-a.

E respondo que não adoeço ou me destruo por estar junto do sofrimento dela.

Após umas férias, mal se senta, começa a chorar, convulsivamente. Descobriu que está grávida de 3 meses. Em consequência da gravidez, a relação com o marido oscila entre medos e esperanças. Por vezes, fala dele de um modo chocante. Comenta o nojo que sente quando tem relações sexuais com ele (mas fá-lo porque têm necessidades intensas.) «Aquilo (o marido) é um fantoche na mão de todos. Um paspalhão que só atrapalha. Nem homem é. Sou eu que o obrigo a ter sexo comigo. Ele quase nunca consegue, e eu fico furiosa. Ele é como as hienas: Come merda e fode uma vez ao ano!». Sonhou que, ao chegar a casa, o marido lhe fala com a voz da mãe. (Fala do marido como se ele tivesse incorporado o espírito maligno da mãe. A nova gravidez pareces ser menos ameaçadora, talvez porque Lara projecte, maciçamente, o mau objecto sobre o marido ficando, por isso, a mãe menos intimidante e destrutivo). Ao colar o marido ao objecto maligno, pode interpelá-lo, desafiá-lo e tentar destruí-lo, sem que a mãe se vingue e a mate, e sem que, ao matar o sofrimento da mãe (dentro de si) morra com ela. A relação de domínio sobre o marido é uma contrapartida maníaca da mortificação objectal com que Lara vive, tentando ultrapassar a relação siamesa que tem com ela. As nuances paranóides são uma defesa contra a avidez de comunhão.

Com o avanço da gravidez, Lara tem momentos de desorientação em que teme que tudo se repita. Faz grandes planos para conseguir organizar a vida e chega a deixar, por escrito, um documento onde estipula tudo o que o marido tem que fazer, na sua ausência. Deixar-lhe a filha apavora-a. Pergunta se pode deixar o meu telefone com o marido caso ele precise de orientação. Entretanto, interrompe o acompanhamento para que se realize o parto.

As consultas recomeçam dois meses após o parto. Com os filhos, a situação corre muito bem, pois o alvo privilegiado do ódio é o marido. Agora é ele o responsável pela desorientação que sente. Começa a pensar em divorciar-se e a guerra com ele intensifica-se ainda mais.

Acha que o marido é um perigo para os filhos. Vigia-o, constantemente. A sua necessidade de proteger as crianças, leva-a a fazer tudo sozinha, acentuando o cansaço de Lara. Perto das férias de

Verão, acentua-se a sua solidão, e a necessidade de suporte. A separação continua a ser, agora em relação a mim, sinónimo de morte. Num gesto de desespero, telefona-me para dizer que está a descontrolar-se com os filhos. Uns dias depois, volta a ligar para dizer que vai deixar as crianças à porta do meu consultório. Sinto medo do lado destrutivo de Lara, e uma grande angústia (que me leva a querer proteger as crianças). Sinto, também, que na impossibilidade de me imaginar preocupado com o seu sofrimento, me imagine mais disponível para os filhos. Mas, sobretudo, sinto que Lara tenta, com este episódio projectar em mim toda a culpa persecutória que a consome, responsabilizando-me pela vida dos filhos, como ela se sentiu responsável pela da mãe. Essa culpa persecutória é que a definha: Lara não viveu dominada por um mau objecto, mas – persecutoriamente – dominada pelo sofrimento do objecto que a persegue. Não tendo sido capaz de aliviar o sofrimento da mãe é como se ela fosse responsável por ele.

Numa ocasião, de forma imprevista, tenho que desmarcar uma sessão. Em resposta, falta, sem avisar, às consultas seguintes. Digo-lhe que sinto que a sua maior dor é comigo Responde que não. Embora pensasse, muitas vezes, que existiria uma enorme loucura, dentro de mim, por não a achar perigosa para eles.

Uns dias depois, telefona, muito zangada. Reclama que a magoei muito ao não perceber a sua necessidade em afastar-se das crianças. Apesar da nossa relação, não quer regressar.

Passadas duas semanas, recebo um telefonema do marido que, em pânico, pede ajuda. Lara fugiu de casa, dizendo que se iria suicidar. Receia que ela passe, antes, na esquadra de polícia, acusando-o da sua morte. Uns dias depois, começa a ligar dizendo que precisa muito da minha ajuda, pois sente-se, profundamente, prestes a suicidar-se. Pede para retomar as sessões.

Lara consegue atrofiar a minha capacidade de me sentir. Ao pé de si, talvez eu me sinta como ela se sentiu, tentando viver em silêncio e em sossego, para acalmar a violência da mãe. Nesses momentos, eu reajo em contra-identificação projectiva (CIP). Agora suponho que percebo que a CIP é compaginável com uma experiência de possessão. Quando as pessoas nos intimidam despertam-nos ódio. Ódio tamanho que, ao falarmos muito de quem nos intimida, o que está mais em questão, não são essas pessoas mas o que não sabemos fazer com o ódio que deixam à solta dentro de nós. Saltando para a relação, a contra-transferência pode ser trazida, interpretativamente: «eu ando o tempo inteiro à procura do que sinto». Curiosamente, na psicose o fantasma engole a fantasia. A interpretação deverá ir da contra-transferência para a fantasia, da fantasia para transferência.

É, suponho, em função da autenticidade da relação clínica, como equivalente da unidade originária, que Lara se tem vindo a transformar, deixando de ser uma viva-morta que se debate diante da sua mortificação. Tomemos uma possibilidade interpretativa:

> «Sinto que me diz, de diversas formas, que o que a mata não é o terror que sente na relação com a sua mãe, nem o ódio que coloca no seu marido. Isso, ainda assim, faz com que se sinta viva. O que mata é que tanto terror não a deixa nem sentir. Porque se sente, morre. E o desafio que se coloca a esta relação passa por saber se estarei a tentar matá-la, de cada vez que a ajudo a pensar, ou se, pela primeira vez, alguém – numa relação segura – lhe dá um nome aquilo que, simplesmente, a impede de sentir. (O medo de Lara passa por perceber como é que eu a ajudarei a matar, definitivamente, tudo o que a vai matando, por dentro. A sua dúvida será: «como é que me hão-de ajudar a matar tudo o que me mata sem que me matem a mim, também».)

Lara imagina reaproximar-se da mãe. Ela precisa de se aproximar dela porque, podendo não conquistar o seu amor, pode ficar a saber se está forte (a ponto de não ser destruída por ela). Mas, sobretudo, ela precisa de saber se, diante da mãe, conseguirá ser diferente dela.

Recapitulemos alguns aspectos do caso em estudo...

A história de Lara caracteriza-se, até aos 30 anos, por um clima de extrema violência, física e verbal, protagonizada pela mãe (figura maltratante e violenta) e pelo pai (que enquanto figura ausente e negligente, construiu uma cumplicidade por negligência). Este sofrimento, cumulativo, origina um núcleo psicótico, em que a mãe é introjectada, como objecto maligno e mortífero, constituindo-se como um objecto interno persecutório, mais tarde estendendo-se ao marido, ao sogro e aos filhos. Neste contexto, desenvolve-se a incorporação da culpa persecutória do objecto persecutório.

FANTASIA INCONSCIENTE – (como cascatas de enredos e de histórias, de episódios vividos e imaginados que se entrelaçam uns nos outros e podem vir a constituir o trabalho de sonho): dispersa, sem um enredo que a unifique, para além da paranóia que a trespassa e a unifica.

FANTASMA – (como convergência de medos que se constitui como uma condensação de todas as angústias, e prefigura um núcleo simbólico emergente): de morte.

TRANSFERÊNCIA ESTIMADA – (transferência esperada sobre o terapeuta, a partir do perfil de relações essenciais dos objectos internos): oscila entre traços anaclíticos e psicóticos, com predomínio dos psicóticos. Medo, pavaroso, da relação com terapeuta: ora tomado como redentor ora como mortífero.

CONTRATRANSFERÊNCIA: mortificante, desvitalizante e paranóide.

ASPECTOS POSITIVOS: utilização dos mecanismos defensivos psicóticos, em particular a clivagem estática. Elege um objecto externo ao qual circunscreve a angústia paranóide e a fantasia de morte, à vez (mãe, marido, sogro e filhos). Ou seja, faz agir a projecção intrapsíquica do objecto maligno sobre novos objectos relacionais. Capacidade de Insight, Capacidade expressiva e competência para a protecção dos filhos. Aspectos que, no seu conjunto, ajudam a esbater, através do recalcamento primário, as tentativas de destruição externa do objecto interno. Ao matar o mal ainda tenta recuperar a vida. Identificação mimética ao objecto mortificante, como forma homicida de matar o medo que ele espalha dentro de si.

DIAGNÓSTICO: *Psicose Fria* (os aspectos vivos da sua personalidade são saúde, não é histeria, Histeria é ambivalência, indagação e integridade objecta, que se traduzem em gestos de crescimento relacional). A destrutividade psicótica não se fragmenta, de forma incontrolável, mas vive-se, por projecções contidas, à vez, em objectos diferentes da relação, que incorporam o mal na esperança de que o possam vir a transformar. Assim, os objectos parasitados condensam partes loucas sem que se dê uma descompensação psicótica generalizada. Em rigor, depois de Bion, psicose é todo o pensamento que permanece por integrar depois de confiado.

3. Conclusão

Mais do que os mortos em revolta, são os vivos que nos matam, logo que pedem um pouco mais da nossa vida, sem se que dêem em troca.

Como vos disse, tomámos a psicanálise como um método de rosto humano, com que se acede ao pensamento e, em relação, promove a reconciliação das pessoas com a vida. Nesta reflexão, tomámos as emoções como os primeiros mecanismos de defesa do pensamento, e achamos que representam um verdadeiro aparelho imunitário do pensamento. Quanto melhor funciona, mais nos leva a juntar a complexidade do crescimento com a simplicidade com que lhe fazemos frente, A este casamento entre complexidade e simplicidade podemos chamar... sensibilidade. Sempre que a complexidade do crescimento não é acompanhada pela simplicidade que o potencie, surge um confronto (que significa: comparar, pôr em paralelo, acarear, atrair com afagos, tornar caro e querido). Sempre que um confronto não encontra objectos onde seja, que o mobilizem para níveis de complexidade crescente, emerge um conflito (que significa: embate, choque, guerra, desordem), uma fractura entre os apelos de vida e os recursos internos para a ler, e a doença psíquica.

Foi isso que tentámos recuperar em Lara. Para tanto, falámos-vos da psicose como uma defesa maníaca contra o sofrimento persecutório do objecto persecutório (a que chamámos melancolia). Tomámos essa relação como uma ligação siamesa que se desenvolve face à ausência de experiências de comunhão. Tomámos a comunhão como uma reciprocidade de contra-transferências, e afirmámos que essa experiência de comunhão se equipara à confiança básica e ao brincar.

Temos esperança que o cansaço com que, muito cedo, a vida de Lara se tornou tarde demais a transforme, progressivamente, numa pessoa mais capaz de sair do purgatório e de aceder, com sensibilidade, ao entusiasmo. Porque viver... não chega.

Bibliografia Essencial

ABRAHAM, K. (1965). *Oeuvres Complètes*. Paris: Payot.
BADARACCO, J. (1986). La identificacion y sus vicisitudes en la psicosis. La importancia del concepto "objeto enlouquecedor. *International Journal of Psychoanalysis*, 67.
BAUMAN, Z. (2007). *A vida fragmentada*. Lisboa: Relógio d'água.
CAPPOZZI, P. e MASI, F. (2001). The meaning of dreams in the psychotic state: theoretical considerations and clinical applications. *International Journal of Psychoanalysis*, 82.
FONAGY, P. e TARGET, M. (2000). Playing with reality III: the persistende of dual psychic reality in borderline patients. *International Journal of Psychoanalysis,* 81.
GIOVACCHINI, P. (1993). *Borderline Patients, the Psychossomatic Focus, and Therapeutic Process.* New Jersey: Jason Aronson Inc.
JOSEPH, B. (1992). *Equilíbrio e Mudança Psíquica*. Rio de Janeiro: Imago.
KRISTEVA, J. (1985). *Soleil Noire. Dépression et melancolie.* Paris:Galimard.
MATOS, C. (2001). *A Depressão*. Lisboa: Climepsi.
MATOS, C. (2002). *O Desespero*. Lisboa: Climepsi.
SÁ, E. (2002). *Patologia Borderline e Psicose na Clínica Infantil*. Lisbos: ISPA.
STEINER, J. (1997). *Refúgios Psíquicos*. Rio de Janeiro: Imago.

Capítulo 7

CONTRIBUTOS PARA A CONSTRUÇÃO DE UM MODELO CLÍNICO EM PSICANÁLISE

Contributos para a Construção
de um Modelo Clínico em Psicanálise

A psicanálise foi sendo, vezes demais, associada, a uma metodologia clínica complexa, de interpretações aleatórias, vinculadas a leituras fundamentalistas da vida mental, pouco incisivas e pouco rigorosas. Por vezes, tantas atribuições em relação à psicanálise, tão insistentemente repetidas, têm traduzido alguma inveja diante da relevância que teve na cultura do século XX e do protagonismo clínico que, há mais de cem anos, vem representando. Mas, também, foi traduzindo a dificuldade dos psicanalistas contraporem argumentos cruciais a algumas das críticas em que se enovela muita demagogia clínica.

Tentando encontrar, em relação a este impasse, argumentos inteligíveis, pretendi organizar, de forma integrada e compreensível, uma metodologia da clínica psicanalítica, estruturando alguns conhecimentos, reunidos junto dos autores mais representativos da psicanálise.

1. O Acto Clínico

Um acto clínico, no âmbito de uma psicanálise ou de uma psicoterapia psicanalítica, não pressupõe um diagnóstico abstracto de que resultem interpretações aleatórias. Exige uma compreensão nítida dos diversos níveis que contribuem para que se crie um determinado quadro psicopatológico, um diagnóstico e um prognóstico "milimétricos", uma proposta de intervenção clara, e um tempo de latência, entre a comunicação dos resultados e uma decisão acerca de um eventual seguimento, para que ela se organize, de forma esclarecida e sem quaisquer constrangimentos.

2. O Acordo Clínico

O primeiro nível de uma relação – o acordo clínico – exige clareza acerca das regras que enquadram a própria relação. Doutro modo, por maior que seja o rigor de uma intervenção clínica, uma relação que se prolongue, discretamente, sessão após sessão, desde a primeira, sem que haja uma comunicação dos resultados da avaliação, traduzida numa explicação nítida, protagonizada pelo psicoterapeuta, de todos os elementos clínicos que foram sendo recolhidos no decurso das várias sessões, e o tempo estimado durante o qual deve ele decorrer, perde toda a credibilidade.

Isso pressupõe que, uma primeira consulta, poderá implicar uma, ou duas, ou três, ou mais sessões: tantas quantas as que um psicoterapeuta necessite para que se proceda a um diagnóstico (sem que se prolonguem para além do razoável). Em quaisquer circunstâncias, deve ficar claro que, para além de uma história clínica, poderão ser essenciais elementos auxiliares de diagnóstico (testes psicológicos), decididos caso a caso, e em função dum critério que os torne úteis para esclarecer alguns aspectos mais obscuros de um quadro clínico em estudo. Jamais, como se compreende, fará sentido um acolhimento psicoterapêutico que implique, invariavelmente, a mesma bateria de testes, utilizados de forma maciça, sem outro critério que não seja, presumivelmente, um encarecimento ilícito do processo clínico. Como será, igualmente, um absurdo grave que se aceite, em psicologia clínica, a clivagem entre avaliação psicológica e acompanhamento clínico: uma avaliação psicológica não representa um acto clínico inócuo, é invasiva, e requer uma explicitação clara dos resultados, que não pode ser descontextulizada de uma história clínica minuciosa e precisa. Em quaisquer circunstâncias, uma "primeira consulta" tenha uma, duas ou três sessões, deve ser remunerada de uma mesma forma. Por outras palavras, se um clínico necessita de mais uma outra sessão para que concretize um diagnóstico, no âmbito de um processo de acolhimento clínico, isso será uma questão à qual um consolente será alheio.

3. Diagnóstico Semiológico

Um segundo aspecto a ter em consideração é a história clínica. Deve ser concisa, objectiva, e relevar unicamente, com clareza, o que for clinicamente relevante: atípico, por outras palavras. Tudo aquilo que é banalizável ou enquadrável numa curva normal do desenvolvimento não nos interessará. Ao realizar-se, numa primeira consulta, a avaliação da constelação de queixas que terão precipitado um pedido de ajuda, será razoável que se possam fazer algumas observações de conteúdo mais ou menos interpretativo, sobretudo se a experiência clínica permitir que sejam "revestidas" de sensatez.

Identificar sintomas, agrupá-los e atribuir-lhes uma designação faz parte do quotidiano da clínica, embora nem sempre represente uma prática consistente. A partir duma história clínica é essencial que se distingam sintomas e sinais e, por consequência, se proceda a um diagnóstico semiológico. A semiologia representa o conjunto de sinais e de sintomas. Sinais são manifestações definidas e circunscritas a alguma objectividade. Sintomas são queixas onde predomina uma tonalidade subjectiva. Quer dizer que, por exemplo, uma alucinação auditiva é um sinal. Mas, por exemplo, a angústia já é um sintoma. A não ser que seja, por exemplo, uma claustrofobia que, mesmo assim, nalgumas circunstâncias, pode representar um sinal.

Um diagnóstico semiológico, na clínica psicanalítica, não se distingue, no essencial, das classificações multiaxiais das doenças mentais. No entanto, numa classificação multiaxial das doenças, será igualmente uma perturbação da ansiedade um evitamento que se dê, por exemplo, duas ou três vezes, em relação aos espaços fechados, como um outro que tenha a ver com evitamentos sucessivos de situações de avaliação (a que chamamos, noutras circunstâncias, neurose de insucesso). E, no entanto, uma claustrofobia e uma neurose fóbica (ou neurose de insucesso), tendo manifestações fóbicas macroscopicamente semelhantes, têm raízes etiológicas e nosográficas completamente diferentes.

Identificar um distúrbio supõe, num primeiro momento, de entre uma multiplicidade de combinações possíveis, um primeiro agrupamento de relações entre sintomas e sinais. Será uma leitura semiológica essencial para que se proceda a um diagnóstico e, caso seja justificável, a um acompanhamento psicoterapêutico? Não me parece.

O diagnóstico dum distúrbio depressivo, sendo útil, na medida em que delimita uma determinada problemática, será, ainda, num plano psicoterapêutico, mais ou menos inexpecífico. Daí que procedamos a um segundo nível de diagnóstico, a que chamarei diagnóstico estrutural.

4. Diagnóstico Estrutural

Por diagnóstico estrutural entendo uma aproximação semelhante à leitura de uma realidade através duma microscopia óptica. Em que consiste? Na interpretação clínica dos sintomas e dos sinais psicopatológicos a partir de uma olhar clínico mais atento que, como se fosse uma microscopia óptica, nos permita identificar, subjacente a eles, um conjunto de denominadores comuns que nos leve a agrupá-los em duas estruturas psicopatológicas no psiquismo humano: borderline, e psicótica. Citando, a partir de BAUMAN (2007), a socióloga Elzbieta Tarkowska podemos assumir que:

> «Uma vez que no estado de caos «a mudança é permanente», a situação «parece aos que nela estão envolvidos (bem como aos observadores e investigadores) obscura, ilegível, imprevisível». Entenda-se o caos descrito por Tarkowska é um estado de coisas em que tudo pode acontecer (do mesmo modo que a ordem, o oposto do caos, é um estado que exclui na prática que certas coisas aconteçam, ao mesmo tempo que torna outras mais do que previsíveis); um estado de coisas em que a probabilidade de um certo acontecimento não é superior à de qualquer outro (...).
> A existência caótica é desprovida de estrutura, sendo que «estrutura» significa precisamente a distribuição desigual das probabilidades e a ausência de intervenção do acaso no desenrolar-se dos acontecimentos».

Cada uma das estruturas psicopatológicas a que me refiro, não têm um mesmo tipo de depressão, um mesmo tipo de angústia, etc. Apesar da sintomaotologia macroscópica, tais características permitem-nos perceber um conjunto de outros aspectos (mais "microscópicos") que, manuseadas interpretativamente, nos darão acesso, numa primeira consulta, a níveis de funcionamento mental que possibilitam, de forma mais esclarecida, estabelecer um diagnóstico e um prognóstico sobre aquele caso clínico.

Não vos falo de uma estrutura neurótica porque, como dizia atrás, «a noção de estrutura é a antítese da de saúde mental. A saúde mental representa ambivalência e conflito, triangulação objectal, fantasia, função simbólica e uma intencionalidade empreendedora. No entanto, compatibilizar no crescimento complexidade e simplicidade torna-se muito difícil, sobretudo porque, com os anos, aumentam o requinte de pormenor com que a sabedoria nos capacita para os pequenos gestos. E aumentam as probabilidades de se acumularem descuidos e desamparos. Daí que a fobia representará um primeiro degrau da patologia narcísica, muito mais do que uma estrutura neurótica. A neurose, tantas vezes associada a saúde mental, representa uma formação de compromisso (do género, meio cheio/meio vazio) entre a saúde e o sofrimento mental. Daí que só por injustiça deve ser associada a saúde mental.»

	Posição Neurótica	Estrutura Borderline	Estrutura Psicótica
Quadros Clínicos mais Característicos	Histeria Fobia	Neurose de Angústia Neurose Obsessiva Patologia Narcísica Patologia Limite Patologia Psicossomática	Esquizofrenia Melancolia Mania Psicopatia Autismo
Angústia	de Castração	de Separação	de Fragmentação
Fantasia Inconsciente	de desmantelamento das barreiras superegóicas	dominada pelo fantasma de loucura ou de incontinência pelo agir	fantasia dominada pelo fantasma de morte
Depressão	Posição Depressiva	Depressão Anaclítica	Melancolia
Organização do Pensamento	Pensamento Simbólico	Pensamento Mágico ou Simbolismo Arcaico	Por Contiguidade Simbólica
Relação de Objecto	Total com prevalência da ambivalência	Anaclítica e Narcísica	Autística e Simbiótica
Componentes psicossomáticos prevalentes	Lábeis	Aparelho Digestivo, Visão, Audição	Pele, Olfacto, Tacto, Paladar
Acting's	Por Acto Falhado, com culpabilidade e reparação	Por Impulso, com projecção da culpa	Por Incontinência com culpa persecutória
Mecanismos de Defesa	Recalcamento e Deslocamento	Clivagem Operante	Identificação Adesiva, Desmantelamento e Identificação Projectiva

Figura 6 – Características das Estruturas Psicopatológicas

Quando concebemos uma estrutura psicopatológica já estaremos a proceder a uma triagem, a uma leitura e a uma interpretação psicanalíticas da vida mental. Mas estaremos, também, a considerar que, para além de um olhar macroscópico, se pode perceber que, a exemplo da mineralogia, em cada manifestação psíquica ou em cada comportamento, há um "corte compreensivo" que se pode fazer num acontecimento clínico, no sentido de o ler enquadrado numa determinada estrutura mental. Ao procedermos a essa observação, estaremos a "isolar" um plano que nos permita perceber que, quer o "dissequemos" tomando as expressões cognitivas em consideração, quer o "dissequemos" focando a angústia, quer se proceda á análise doutro qualquer factor, acabar-se-á, sempre, por se aceder a uma organização estrutural com uma coerência intrínseca.

Tomando um exemplo: uma pessoa com traços esquizofreniformes, acaba por ter um pensamento sincopado. Mas o mesmo pensamento sincopado que se observa, por exemplo, quando as pessoas têm traços fóbicos e organizam uma ritualização obsessiva para conter a angústia fóbica, é muito diferente de uma síncope esquizofreniforme. Macroscopicamente, tão sincopado é um pensamento como o outro. Mas, com mais atenção, um é um pensamento sincopado, e o pensamento esquizofreniforme é clivado, já que apresenta um corte mais profundo, menos comunicativo. Se um pensamento sincopado contém a angústia, um pensamento clivado sustém o medo de um desmantelamento psíquico. Ou seja, se um pensamento sincopado acaba por ser uma forma das pessoas controlarem o embaraço para não se sentirem expostas a um vexame (portanto, para não se sentirem inferiorizadas ou, às vezes, até, humilhadas), um pensamento clivado parece ser a escora que separa as pessoas do enlouquecimento.

No entanto, nenhuma posição e nenhuma *estrutura mental é pura: mas, sempre, híbrida e compósita.* Não há neuroses obsessivas sem neuroses de angústia, não há neuroses obsessivas sem evitamento fóbicos subjacentes, não há mania sem esquizofrenia. Ao diagnosticar-se uma determinada estrutura psicopatológica, é muito importante perceber se ela será, predominantemente, uma posição neurótica, se é, predominantemente, uma estrutura dominada por impasses (e, então, será uma estrutura limite) ou se é, predominantemente, uma estrutura psicótica. Para que depois, "cirurgicamente", explorando pela interpretação a angústia ou a depressão características possamos identificar outros "núcleos infecciosos", bem como os "núcleos vitais" da vida mental dessa pessoa, de forma a que organizemos o trabalho clínico, interpretando sempre do mais saudável para o mais doente, por forma a potenciar os recursos saudáveis.

Para além do mais, um diagnóstico estrutural permite-nos compreender que todos os quadros têm *quatro componentes interagentes*: um componente mental, um componente de *acting out*, um componente de *acting in* (manifestações psicossomáticas) e um componente de inibição mental (que, todos juntos, convergem para a encapsulação estrutural que as caracteriza).

Em resumo, como se distingue uma estrutura de um estado psicopatológico? Um estado é sempre uma organização psicopatológica mais ou menos reactiva, lábil e transitória. Quando se encapsula num mesmo registo defensivo que se vai calcificando transforma-se numa parte (borderline ou psicótica, por exemplo). E quando uma parte predomina sobre o todo do psiquismo falamos duma estrutura borderline ou psicótica. É importante que possamos perceber que uma experiência emocional desencadeia sempre marcadores somáticos (ficando memorizada). No caso de ser uma experiência violenta desencadeia sempre um núcleo psicótico (isto é, um conjunto de sentimentos violentos e destrutivos proporcionais à violência a que se foi exposto): isto é, uma memória, tendencialmente, persecutória. Em todos psiquismos há um ou vários núcleos psicóticos, identificáveis, no contexto duma psicoterapia. Ainda assim, devemos considerar que esses núcleos, sendo susceptíveis de ser interpretados e integrados no todo psíquico, carecem duma técnica activa, rigorosa e acertiva.

Estados → Núcleos → Partes → Estruturas

Voltemos à estrutura psicopatológica. Uma estrutura será um quadro psicopatológico, semelhante a um abcesso infeccioso calcificado, que representa um conjunto de estratégias mal sucedidas de metabolismo mental do sofrimento que, ao entrarem em falência, desencadeiam sintomas e sinais mais ou menos instalados. Mas, afinal, o que é que organiza uma estrutura mental? No fundo, são as relações de objecto patogénicas.

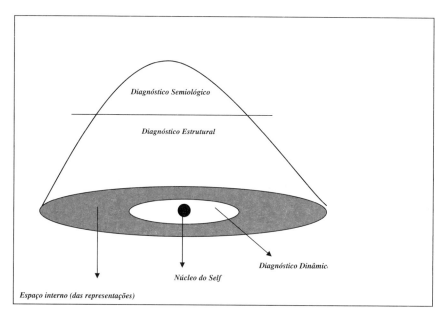

Figura 7 – Relações entre os Diagnósticos Semiológico, Estrutural e Dinâmico

5. Diagnóstico Dinâmico

Se um diagnóstico estrutural corresponde, em relação a um diagnóstico semiológico, uma leitura clínica com o auxílio da microscopia óptica, um diagnóstico dinâmico assemelha-se a uma interpretação que se dá com o apoio semelhante ao de um microscópio electrónico. Que ganhos poderá representar? Será mais psicanalítico que um diagnóstico estrutural?

Sem dúvida que sim, porque se vai centrar em planos do funcionamento mental mais profundos que são a consequência dos aspectos patogénicos das relações que se foram precipitando até organizarem a estrutura psicopatológica, tal como a conhecemos quando alguém nos procura. As sequelas dessas relações acabam por se manifestar através de "mecanismos" mentais que, não sendo devidamente observados e interpretados, perpetuam a estrutura psicopatológica ao manifestarem-se na relação clínica, arrastando os recursos saudáveis do psicoterapeuta para o círculo vicioso dos aspectos patogénicos das relações. Sendo assim, esses planos do funcionamento inconsciente, essenciais ao manuseamento clínico psicodinâmico são:

5.1. *A Fantasia Inconsciente*

A fantasia representa os enredos espontâneos do imaginário que se organizam movendo os recursos saudáveis da personalidade através duma cascata de narrativas que dialogam sobre o passado e o presente, permanentemente, e que antecipam o futuro.

5.2. *Os fantasmas*

Os fantasmas, traduzem um enovelamento de medos, regra geral, num fantasma que se organiza como um medo último que os condensa e, ao mesmo tempo, os encobre. Assim, podemos identificar três grandes categorias de fantasmas: os de castração, típicos da posição neurótica, ou de enlouquecimento (associados à estrutura borderline), e os de morte (associado à estrutura psicótica, quer sejam vividas com o predomínio do imaginário quer se expressem através do que, adiante, chamo psicoses psicossomáticas). Se na saúde mental fantasia e fantasmas convivem, e se a fantasia veste os fantasmas, tornando-os acessíveis à função simbólica, integráveis e ultrapassáveis, na patologia borderline a fantasia e o fantasma temem-se, organizando-se entre ambos um interminável impasse. Na psicose, o fantasma engole a fantasia.

5.3. *Transferência estimada*

A transferência não implica só aquilo que uma pessoa projecta no contexto da relação clínica. Um diagnóstico transferencial passa, também, por estimarmos, em função de uma determinada história relacional, de que forma uma determinada pessoa projectará ou deslocará, presumivelmente, para nós, em função das formatações que terá recebido dos objectos de referência, ainda antes de nos chamar para "palco" das suas relações significativas. Estimar significa imaginar-se os movimentos que uma pessoa realizará em direcção a nós, em função dessas relações significativas: quer quando desloca experiências significativas sobre nós, quer quando projecta relações dolorosas. Permite-nos realizar, por antecipação, comentários e interpretações em função disso, mesmo que pareçam não existir, abertamente, movimentos transferenciais.

Em quaisquer circunstâncias, um diagnóstico transferencial é sempre uma hipótese clínica. Assim, e atendendo à história das relações significativas de uma pessoa, é razoável que extrapolemos, sob a forma de hipóteses plausíveis, quais poderão ser as repercussões dos aspectos patogénicos das diversas relações no contexto terapêutico, acautelando essas possíveis repercussões. É sensato que, antes de uma transferência aberta se dar, criemos condições para que antecipemos, por gestos e por comentários terapêuticos, as respostas organizadoras sobre os aspectos patogénicos das relações significativas de uma pessoa, antes deles se repercutirem na relação clínica. Será isso a transferência estimada e, como se vê, acaba por se tornar um instrumento terapêutico de grande importância.

5.4. *Contra-transferência*

Tão importante como uma leitura transferencial será, na compreensão dinâmica de uma pessoa, o diagnóstico contratransferencial. A contra-transferência não representa só uma reacção do analista à transferência de uma pessoa, no contexto de uma acompanhamento clínico. Transferência e contra-transferência serão mecanismos que coexistem e se entrelaçam. Todavia, tomado isoladamente, um diagnóstico contra-transferencial organiza-se em função das respostas emocionais reflexas de um analista, que tanto se podem traduzir em atitudes de medo como em sonolência, por exemplo. Se desencadearem reacções mais ou menos embaraçadas de contenção, descentram o analista da atenção que pretende dedicar aos problemas que lhe são colocados por uma determinada pessoa, levando-a a agir a contra-transferência em vez de a interpretar.

Quando uma hipótese clínica – que um analista coloque a propósito de uma determinada pessoa, partindo do nosso modelo teórico de referência – coincide (ou, se preferirem, é validada) com o diagnóstico contra-transferencial, então temos grandes probabilidades de estar a fazer uma compreensão clínica adequada do que se passa. Se os dois níveis de diagnóstico são paradoxais, teremos que voltar atrás e fazer todo a leitura clínica outra vez, desde o diagnóstico semiológico, passando pelo diagnóstico estrutural, até ao diagnóstico dinâmico. Em rigor, uma avaliação clínica deve pressupor um diagnóstico semiológico, um diagnóstico estrutural e um diagnóstico dinâmico. Mas não deve ignorar um diagnóstico sobre a infância fantasmática, de forma a perceber de que modo a infância dos pais se repercute na dinâmica duma família. E, ainda, um diagnóstico familiar, e um diagnóstico de saúde mental. Depois de definidas todas estas coordenadas haverá espaço para uma intervenção clínica precisa.

Isto pressupõe que:

- um diagnóstico, seja feito a partir da história clínica, dos exames complementares de diagnóstico ou da observação directa que se venha a realizar, terá de ter consonância entre as leituras dos diversos planos em estudo, mesmo que cada um desses momentos clínicos tenham sido protagonizados por técnicos diferentes, porque uma determinada estrutura clínica terá uma coerência interna que lhe dará consistência;
- nenhum comentário ou interpretação, em clínica dinâmica, é aleatório, como muitos dos seus detractores imaginam;
- acima de tudo, ganha relevância o rigor científico de cada gesto clínico, a seriedade ética com que ele se manuseia, e a humanidade de quem o promove.

Há um outro plano contratransferencial muito importante, e que talvez não seja estudado tão sistematicamente como deveria. Refiro-me à rêverie, que aqui tomo como a produção imaginária e onírica de um analista em presença de uma pessoa, que lhe permite, por vezes, entregar-se a uma «atenção flutuante» que o leva a "ver" as cenas de uma história que lhe é narrada e, até, complementá-las como se fosse um "filme" escrito a dois. A rêverie, como espaço de íntima comunhão entre um analista e uma pessoa que ele acompanhe ou como consensualidade de constra-transferências.

5.5. Organizadores inconscientes da família

Aqui tomo em consideração alianças, mitos e segredos familiares que funcionam em relação à globalidade da vida mental como uma barreira de souvenir-écran's (ou de enunciados falsos) que unificam as relações masque as parasitem, silenciosamente.

6. Diagnóstico de saúde mental, a partir da psicanálise

O que é que são manifestações de saúde?

Se uma pessoa é muito perturbada mas, ao mesmo tempo, é uma pessoa criativa, e se a criatividade é utilizada para tentar elaborar, permanentemente, a psicopatologia, então a criatividade é, de facto, uma manifestação de saúde mental.

Se as pessoas sonham e têm uma relação pacífica com o sonho e com o sono, isso é uma manifestação de saúde mental.

Se as pessoas alimentam muitos conflitos, mas têm relações familiares estáveis, com significado, essas relações são uma manifestação de saúde mental. Se as pessoas são capazes de se zangar, são capazes de ter um acesso de raiva ou de fúria, ou são capazes de se deprimirem profundamente, isso são manifestações de saúde mental. Tudo isso é vida: instinto de vida: São manifestações saudáveis.

Se aquilo que coexiste, paralelamente com uma determinada manifestação psicopatológica, é um eixo seleccionado de vida, então tanto melhor. Por isso, é que nós raramente devemos" mexer" num adolescente, porque se ele está a deprimir-se violentamente, se ele faz umas "asneiras", mas se se percebe que ele vai elaborando uma leitura íntima de todos estes movimentos mentais, não faz sentido precipitarmo-nos numa intervenção clínica porque ele estará... "fazendo pela vida". Isso é, como atrás vos dizia, uma posição depressiva, é uma elaboração mental, e abre espaço para que uma organização simbólica decorra, estruturando um determinado sofrimento.

Aquilo que estarei a tentar dizer é mais ou menos assim: do mesmo modo que, quando se está vivo, se pode ficar constipado, ou se pode comer um alimento que pode ter salmonelas, a ponto de se fazer uma gastroenterite; do mesmo modo que se pode ter um acidente e partir uma perna, etc., também a vida mental, ao longo da ontogénese, haverá um conjunto de experiências que interagem com a imunidade mental. Trazem alguns níveis de sofrimento que, ao mesmo tempo que nos magoam, imunizam, nos tornam mais maduros, ou mais vulneráveis e imunodeficientes, dependendo dos recursos saudáveis que conseguimos mobilizar para fazer frente ao sofrimento.

No âmbito das interpretações mais banais acerca da psicanálise, porventura alimentadas por algumas leituras protagonizadas por alguns psicanalistas, o modelo dinâmico não foi associado à identificação da saúde mental tantas vezes quanto, no fundo, os foi identificando. Tentando dar sequência a toda a reflexão que venho a estruturar neste capítulo, organizei os indicadores psicanalíticos (como outros quaisquer conhecimentos da clínica) que me parecem mais fiáveis na compreensão da saúde mental, sintetizando-os, a exemplo do Índice de Apgar (para a avaliação da maturação dos níveis de maturação do recém-nascidos), como uma escala, de zero a dez, a que chamei Indíce de Apgar Mental.

Os itens que tomei em consideração, a partir de diversos autores da psicanálise, permitem que, a par dos níveis de diagnóstico anteriormente referidos, se tomem em consideração, com o mesmo rigor "microscópico", os marcadores de saúde mental de um determinado psiquismo que, a par de qualquer um desses diagnósticos, nos permita, com algum rigor, determinar as competências evolutivas de cada pessoa que recorra a uma psicoterapia psicanalítica ou a uma psicanálise, tentando ir além da célebre clivagem da gíria psicanalítica entre "partes doentes" e "partes saudáveis" de uma pessoa. Observemos a síntese a que me refiro compactada numa tabela.

Descritores de Saúde Mental	Características	Apgar Mental
1. Erotismo (retomando Freud)	Manifestações abertas de erotismo, seja através de manifestações sintónicas com os apelos da vida (através de manifestações de desejo, de sentido estético, da emergência de reacções agressivas, ou através da manifestação aberta de tristeza).	
2. Sensibilidade Atenção e Memória	Sensibilidade = sentidos x sentimentos Atenção como consensualidade de sentidos Memória como relação entre as memórias implícitas e a memória de longa duração numa relação entre passado e futuro	
3. Expressão espontânea da Fantasia	Fantasia como cascata de enredos de histórias de vida numa relação vivificante com a associação geral	
4. Função simbólica...	... com uma finalidade integrativa de onde decorrem movimentos de intencionalidade empreendedora. A função simbólica representará o produto do trabalho de sonho e do trabalho de luto	
5. Self (retomando Winnicott, a psicologia do self, e Kohut)	O self – «(...) como uma estrutura no interior da mente (...)» (Kohut, 1988) – aproxima-se das noções de «barreira de contacto» de Bion, e de «pele psíquica» de Bick (1982), equivale à noção de «espaço potencial», de Winnicott (1969), e representa uma área intermediária entre o dentro e o fora do psiquismo. Sempre que há triangulação há integridade identificatória, há triangulação há verdadeiro self e um "aparelho de pensar". Sempre que falha o self, falha o ritmo corpo-mente, falha a função simbólica, falha o acesso à subjectividade: o falso self é uma barreira de defesas contra a patologia border line e a psicose.	

6. Núcleo do Self	Núcleo do self como um conceito hipotético que resulta das experiências de comunhão e entendo-o como uma espécie de função placentária anterior a todas as experiências de conflito e de clivagem. Esta qualidade placentar, anterior à função simbólica, assemelha-se à noção religiosa de «alma», e constitui-se como um «tonus narcísico básico» que organiza o self e enquadra os objectos internos. O núcleo do self organiza-se como uma experiência de fé que nos permite tolerar a frustração e a dor. O núcleo do self representa a integração das experiências de comunhão que estimula o erotismo e consolida a fé e a esperança.	
7. Predominância de mecanismos de defesa neuróticos (retomando Freud)	Recalcamento, deslocamento, formação reactiva	
8. Ausências de contrapartidas psicossomáticas (retomando Sami Ali e Freud)	Presença dum trânsito compatibilizando o corpo e o psiquismo, organizado em redor de um ritmo, sem recalcamento caracterial em relação ao "trabalho se sonho"	
9. Hipóteses Definitórias e Indagação (retomando Bion)	A hipótese definitória, de que fala Bion, representa um facto seleccionado, uma hipótese, que organiza um conjunto de associações, e representa uma tentativa de estabelecer uma relação entre elas. A meu ver, traduz uma leitura mais ou menos compreensiva que uma pessoa estabelece a partir dos seus acontecimentos de vida, e pode representar um aspecto a ter em conta na avaliação da sua saúde mental, que evidencia não só a sua inteligência como o seu carácter. Já a indagação, evidencia uma pessoa que, apesar do sofrimento que motiva um pedido de ajuda, é movida pela curiosidade que dirige ao seu sofrimento, que se poderá traduzir, por exemplo, no modo como o interpreta. Como se compreende, será um dos factores mais relevantes na avaliação dos recursos de saúde de uma pessoa.	
10. Actos de intencionalidade empreendedora...	... sobre as realidades interior e exterior, sobre as relações, a partir da fantasia e da função simbólica.	

1-4 – Prognóstico Reservado
5-7 – Bom Prognóstico
8-10 – Excelente Prognóstico

Figura 8 – Índice de Apgar Mental

Bibliografia Essencial

BAUMAN, Z. (2007). *A vida frequentada*. Lisboa: Relógio d'água.
BERGERET, J. (1974). *Abregé de Psychologie Pathologique*. Paris: Masson.
BRACONNIER, A . (2000). *Psicologia Dinâmica e Psicanálise*. Lisboa: Climepsi.
BROCKMAN, R.(2001). *Um Mapa da Mente*. Lisboa: Fim de Século.
GABBARD, G. (1998). *Psiquiatria Dinâmica*. Porto Alegre: Artes Médicas.

Capítulo 8

ESBOÇO PARA UMA NOVA PSICANÁLISE

Esboço para uma nova psicanálise

A psicanálise morreu. Viva a psicanálise!

1.

A psicanálise é um modelo de síntese para a compreensão da vida mental, construído a partir de diversas disciplinas das ciências psicológicas – da antropologia, da sociologia, da etologia, e da biologia, por exemplo (associados à filosofia, à história, à literatura, ou às artes visuais) – articuladas num método clínico. Ao alargar as fontes de compreensão da mente, a psicanálise representou, desde o princípio, a intenção científica de ligar complexidade e simplicidade. Estendeu o rigor do método científico à análise psicológica. Promoveu uma técnica clínica que permitiu à psicoterapia imiscuir-se em áreas que, antes, eram exclusivas da psiquiatria. Ousou delineá-lo como alavanca para a transformação humana (através da psicanálise pessoal). E tornou-se uma «revolução tranquila» (a partir da qual as pessoas e o mundo se tornaram menos enigmáticos e mais compreensíveis).

Se a formação psicanalítica pretendeu estar, no essencial, fora do ambiente da investigação e da legitimação universitárias – o que permitiu afirmar a psicanálise como um modelo de síntese, muito mais do que uma ciência – nem sempre a sabedoria dos analistas se foi tornando uma referência acerca de um conhecimento plural, do método científico e da formação clínica. Em muitos momentos, a cartelização da formação dos analistas, o privilégio dos pequenos poderes à discussão científica, e a repetição dos textos de referência (muitas vezes, interpretados duma forma cabalística) ao estudo, à análise e à síntese foram fazendo que a psicanálise fosse perdendo a preponderância clarividente que ao longo de dezenas de anos foi assumindo. O rigor científico de Freud na investigação da vida mental mantém-se como um exemplo para todos os psicanalistas. Mais do que repetir um modelo, correndo o risco de o transformar numa ideologia, cada psicanalista deverá ligar um conhecimento plural ao método científico e ambos a um método clínico. Tamanha pluralidade promove, a espaços, confrontos epistemológicos trepidantes mas, a longo prazo, contribuirá para a transformação e para o enriquecimento da própria psicanálise.

Se os pressupostos epistemológicos que, pela consistência do método científico, contribuíram para a construção da psicanálise mantêm toda a sua consistência, o positivismo que marcou o final do século XIX será hoje, abertamente, discutível. Também os fundamentos da biologia nervosa que orientaram Freud e o conduziram à construção de alguns conceitos fundamentais da psicanálise e à respectiva extrapolação para a técnica clínica estão, rigorosamente, desactualizados. Sendo assim, como se pode ir do mundo de Freud até ao futuro da psicanálise, preservando-a e enriquecendo-a? Trazendo, por exemplo, para a psicanálise as descobertas nas neurociências como aquelas que se prendem com a vida emocional do feto e do bebé, retirando daí consequências epistemológicas e técnicas.

2.

Serão as neurociências não são o futuro da psicanálise? Não.

Tudo o que se passa no sistema nervoso é consciência. O sistema nervoso é, de forma espontânea, associação geral, ambivalência e conflito. É, também, sensibilidade, intuição e memória. Já a clivagem é uma defesa contra a associação geral, contra a ambivalência e contra o conflito. O sistema nervoso é como um músculo: quanto mais pensamos mais aptos nos tornamos para pensar; quanto menos pensamos mais demenciamos. Pensar é recombinar sinapses. Repetir é demenciar.

Partindo das neurociências fará sentido continuarmos a falar de inconsciente? Não. Tudo o que não é pensamento hipotético-dedutivo é... inconsciente. Inconsciente não é, portanto, só a filogénese. É, também, sensibilidade, intuição e memória.

Compreendo o sistema nervoso como dois níveis de consciência, raramente compatibilizados numa consciência alargada que se traduz numa atenção flutuante. Também as emoções representam o primeiro exemplo de pulsão de vida. A pulsão liga dois níveis consciência; a líbido resulta do amor objectal. A pulsão cria condições para a libido; a líbido pode vivificar ou desvitalizar a pulsão. Pulsão e líbido interagem com o produto espontâneo do sistema nervoso e criam condições para a fantasia. Ou atrofiam-nas – pelas experiências de medo, de pânico ou de terror – num Falso Self.

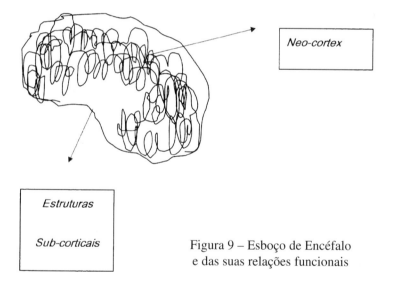

Figura 9 – Esboço de Encéfalo e das suas relações funcionais

Sistema nervoso é associação geral, ambivalência e conflito. Sendo assim, a clivagem representa uma defesa contra a associação geral, contra a ambivalência e contra o conflito. A consciência das estruturas sub-corticais nunca é processo primário. A consciência (mesmo a das estruturas sub-corticais) nunca comporta objectos parciais (a não ser como defesa, pela clivagem, contra a mortificação interna).

Se o inconsciente freudiano tanto podia ser alvo de censura, como objecto de deslocamento e de sublimação, o inconsciente da biologia *é* objecto de integração. O inconsciente, em Freud, tenderia para o solipsismo. O inconsciente da biologia é relação. A relação é o grande arquitecto do sistema nervoso.

Por inconsciente freudiano entendo as estruturas sub-corticais do sistema nervoso e os conteúdos corticais reprimidos. Por inconsciente da biologia todos os fenómenos nervosos (a que corresponde, inevitavelmente, uma contrapartida mental) que aumentam, exponencialmente, os recursos nervosos das áreas sub-corticais.

O inconsciente da biologia, *é* cognoscente (mas produzir e ligar pensamentos não significa que seja capaz de os pensar). O inconsciente da biologia, *é* Trabalho de Sonho e «função geradora de metáforas». Integração será a síntese de duas consciências no mesmo pensamento hipotético-dedutivo. Integração é o processo mental que alimenta a função simbólica (trabalho de sonho x trabalho de luto). Quando a conciência é censurada ou reprimida cria uma confusão de linguagens (a que podemos chamar estado psicótico). A clivagem, como primeiro passo desse momento de censura ou de repressão, será uma defesa contra a associação geral, contra a ambivalência, e contra o conflito.

Quando duas consciências não se compatibilizam numa consciência alargada, gera-se um conflito entre duas consciências que conhecem (mas que não se reconhecem). Na verdade, uma consciência que monitoriza outra (sendo, neste caso, esta outra "o inconsciente") supõe o primado de uma sobre a outra. A consciência como «aparelho perceptivo» (como formulavam Freud e Bion) pressupõe uma consciência sem memória. Freud e Bion estavam enganados: consciência é memória. Ora, o que está em questão no sistema nervoso são duas consciências que, quando não estão em paridade uma com a outra, nos encaminham para a doença). A consciência é sempre um todo; o que a torna lacunar é o isolamento do afecto.

O controle de uma parte do Sistema Nervoso por outra parte favorece o auto-erotismo em vez da integração (aliás, auto-erotismo é – muitas vezes – aquilo que se promove em muitas psicoterapias). A falência do controle, pela parte cortical do Sistema Nervoso, potencia a reacção fóbica das reacções sub-corticais levando ao acting e favorecendo o narcisismo à relação de objecto.

Em resumo, *a saúde mental resume-se a três variáveis a conviver: consciência de si, integridade, e intencionalidade empreendedora.*

3.

A pulsão de vida pode ser entendida como um eixo que liga, interpela e recria dois níveis consciência. A pulsão será a contrapartida psíquica do instinto de vida.

A líbido resulta do amor objectal. A pulsão cria condições para a líbido. A libido pode vivificar ou desvitalizar a pulsão. Pulsão e líbido interagem como produto espontâneo do Sistema Nervoso – a imaginação (ou elementos α) – criam condições para a Fantasia ou atrofiam-na (pelas experiências de medo, de pânico ou de terror num Falso Self).

Sempre que os objectos internos casam, num mesmo ritmo, autonomia e vinculação, expandem a vida. Quando os objectos internos, pela ambitendência objectal continuada, potenciam a ambivalência original, sem experiências de comunhão que a ancorem criam condições para episódios de pulsão de morte. Quando os objectos internos constrangem – pelo medo, pelas experiências de pânico que resultam da ira, ou pelo terror associável a experiências de quase-morte (que resultam da exposição a sofrimentos violentos) – parecem transformar a pulsão de vida em... pulsão de morte.

A líbido gera o amor (à vida) – como consensualidade de sentimentos – potencia a atenção (como «consensualidade de sentidos»), a intuição (como consensualidade dos níveis de consciência cortical e sub-cortical), e a inteligência [como forma de ligar as competências cognitivas à sua articulação com a sensibilidade (que representa o produto dos sentidos pelos sentimentos)].

Atenção, sensibilidade, intuição e inteligência serão as competências com que se faz a fantasia.

4.

Os objectos da relação são tão preponderantes porque o bebé nasce com uma psicose congénita a que podemos chamar posição esquizo-paranóide? Não.

A gravidez é um estado de indiferenciação corpo-mente ou de comunhão mãe-bebé? De comunhão.

Os fetos têm emoções, sentimentos e memórias implícitas. Os bebés nascem, por isso, numa psicose congénita a que podemos chamar posição esquizo-paranóide? Nunca. Mãe e bebé representam simbiose ou comunhão? Comunhão. Comunhão é a antítese de indiferenciação. Comunhão são duas contra-transferências que se encontram num mesmo gesto espontâneo de alteridade e transparência. Sendo entre o bebé e a mãe, como entre analista e analisando, o espaço transitivo (Winnicott) e a transformação (Bion) são o resultado das experiências de comunhão. Havendo espaço transitivo há verdadeiro self (como sinónimo de gesto espontâneo, considerando Winnicott), confiança básica (Erikson), capacidade de rêverie (Bion), e vinculação segura (Bowlby).

Um bebé não precisa da mãe para pensar. O sistema nervoso pensa por si próprio. Mas as mães representam uma "mais valia", assim elas se consigam adequar às competências dos bebés, expandindo-as e tornando-as mais complexas e mais simples...

5.

A função de um psicanalista passa por pôr os diferentes níveis de consciência em comunhão uns com os outros o que só é possível quando a relação psicanalítica cria experiências de comunhão entre duas pessoas.

Experiências de comunhão são sem memória e sem desejo. «Sem memória e sem desejo» nasce na relação e nunca da intenção do analista. As experiências de Comunhão não são fundamentais pela luz que trazem mas pelo reconhecimento das pessoas com quem podemos contar para não soçobrarmos ao escuro. Se a integração pode ser entendida como a síntese das identificações, a comunhão é anterior às identificações. A Comunhão gera Actos de Fé (uma certeza absoluta torna todas as dúvidas suportáveis; a sua ausência torna cada dúvida uma oportunidade desesperada para que se torne absoluta).

6.

Como se chega da comunhão à psicose? Como se vai da comunhão à indiferenciação?

Se as mães não são necessárias para o desenvolvimento dos bebés, representam uma "mais-valia", no sentido de tornar as competências dos bebés mais complexas e mais exequíveis, assim elas se consigam adequar elas. Mas podem distorcê-las – e desencontrarem-no de si – gerando uma bi-facialidade materna.

Quando os olhos da mãe deixam de ser a janela com que o bebé vê o mundo e se vão transformando na cortina que o separa dos dois, a vida emocional do bebé parece deixar de ser o verdadeiro mecanismo de defesa tornando-se confusa, já que a clarividência do que as emoções lhe dão choca no descuido, no desamparo e na indiferença da mãe. E, em vez das emoções do bebé se ligarem com as da mãe parecem separá-los aos dois. Este estado de conflito relacional, se for continuado, gera um síndrome de imunodeficiência adquirida (em que as emoções, no lugar de serem o verdadeiro sistema imunitário da vida mental e da vida biológica, (pelos apelos à pluralidade que suscitam) se viram contra ambos.

Esta imunodeficiência adquirida pode levar a que a mãe deixe de ser objecto potencial de comunhão e confunda, confunda, confunda...

Em resultado de tantas decepções acumuladas, o objecto é perturbado por experiências mortificantes transformando-se, progressivamente, num "quase-nada objectal", que coloca as palavras e o corpo a defenderem-se mutuamente, e mãe e bebé a protegerem-se um do outro. É assim que sucede na psicose. Na psicose os fantasmas engolem a fantasia e a transferência paranóide é uma forma de defesa contra a confusão entre comunhão e indiferenciação.

Psicose não é, portanto, o predomínio de processo primário. Psicose é o conflito cumulativo que se dá entre duas consciências, irremediavelmente, incompatibilizadas.

7.

A psicose é uma defesa de saúde contra a melancolia?

Os sintomas psicóticos são sempre defesa contra a mortificação dos desamparos cumulativos que desvitalizam e empalidecem os apelos ao apego levando a que (tomemos o exemplo da relação entre mãe e bebé) se vá do desamparo à indiferença. Na realidade não são pulsão de morte, mas pulsão de vida.

O descuido gera o conflito e a dor, o desamparo gera as experiências de abandono relacional que promovem o desinteresse e a indiferença. Indiferença entre mãe e bebé e indiferença entre a necessidade de compatibilizar, de forma íntegra, aquilo que o cada um sente e pensa. A este estado objectal de indiferença generalizado chamarei melancolia. Ele está sob toda e qualquer psicose. Na melancolia o que é persecutório não é o objecto mas o sofrimento persecutório do objecto persecutório.

É, por isso que a contra-transferência da psicose nos impede de pensar, e na melancolia nos impede de sentir.

8.

Conclusões

8.1.

É necessário que uma nova psicanálise *reformule conceitos.*

Tais como o conceito de Inconsciente (fazendo-o retornar à formulação metapsicológica de Freud), ou as noções de Espaço Transitivo (equivalente às noções de verdadeiro self, confiança básica e capacidade de rêverie), de Transformação, de Corpo e de Pensamento.

8.2.

É necessário que uma nova psicanálise introduza inovações na compreensão objectal da psicopatologia (em particular da patologia borderline e da psicose).

8.3.

É necessário que uma nova psicanálise *reformule o modelo psicanalítico* (abrindo-o ao futuro).
Compreendendo que a transferência do paciente é sempre inevitável e que a transferência do terapeuta é que bloqueia o processo terapêutico. E que se é inevitável que o paciente transfira as suas relações significativas para o terapeuta, só a transferência do terapeuta (e a sua transformação em objecto interno) reorganiza e tranquiliza a vida mental.

8.4.

É necessário que uma nova psicanálise *repense a técnica clínica*
Compreendendo o diagnóstico como uma lógica de combinações, assumindo que não se associa (sensibilidade, intuição e atenção) sem se interpelar, e considerando a integração de duas consciências numa consciência alargada (a ligação de tudo com tudo) através de um modelo que liga diversas disciplinas e duas histórias na mesma relação e num mesmo gesto clínico. E tomando cada inerpretação como o fim do caminho de uma longa e complexa combinação de conhecimentos que se traduzirá clínicos em gestos claros, simples e esclarecidos.
O objectivo da intervenção clinica será sentir como o paciente sente, deixar a atenção acerca do diagnóstico a flutuar, e INTEGRAR (contra-transferências, transferências, os fantasmas na fantasia, emo-

ção e pensamento, objectos internos e self, vínculos e actos de fé, bem e mal, pensado e intuído e passado e futuro). A integração alimenta a função simbólica. Na vida, tudo se liga com tudo. Daí que não há integração sem integridade.

Integrar é analisar e sintetizar. Da mesma forma que conviver é o contrário de condensar e compreender o contrário de condescender, integrar é o contrário de condensar. Integrar é repor ambivalência, associação geral, conflito e fantasia num psiquismo atrofiado pela dor.

Do ponto de vista do analista, os objectivos da integração serão Empatizar (compatibilizar transferências) e Comungar (compatibilizar contra-transferências). Refundando o humanismo psicanalítico e promovendo a saúde mental. Tornando as pessoas mais complexas e mais simples, melhores, mais bonitas e mais fáceis no sentido de um poliedro da vida (conversando com o corpo, namorando os sentimentos, comungando na relação e pensando o pensamento).

8.5.

Uma nova psicanálise reconhece que as pessoas têm uma história (nem sempre cor-de-rosa), vivem com constrangimentos sociais, económicos e numa cultura. Compreende que elas têm emoções e sentimentos sempre clarividentes (por mais que não os escutem). Que têm um corpo (por mais que por influência duma visão judaico-cristã e pós-modernista pareçam desqualificá-lo) e precisam de colo e de mimos (e deprimem-se sempre que eles lhes faltam, por mais que muitas pessoas vivam um amor sem objecto).

Uma nova psicanálise reconhece que todo o conhecimento é plural e religioso. E que todas as pessoas são sábias e inteligentes. E reconhece que o ciclo de vida vai da sabedoria à integridade, e que o impasse é o contrário do conflito. E, sempre que se sentem alvo de descuidos cumulativos as pessoas sentem-se desamparadas. Aos desamparos cumulativos poderemos chamar depressividade. À insatisfação dos apelos ao apego indiferença. É a indiferença que mortifica a vida mental. E às defesas que se mobilizam para lhe fazer frente podemos chamar psicose.

Uma nova psicanálise compreende que o trajecto da saúde para a doença vai dos pré-sentimentos para os re-sentimentos. Convive com a contra-transferência do paciente e a contra-transferência do terapeuta que se interpelam mutuamente. Toma, portanto, a contra-transferência como reciprocidade de projecções (ou como duas cumplicidades num só gesto). E considera o verdadeiro self como um gesto espontâneo (ou como reciprocidade de identificações introjectivas num mesmo gesto de comunhão).

Uma nova psicanálise pressupõe que o conflito é a base da vida e o contrário do impasse. E que todos temos a necessidade de integrar angústias persecutórias (por experiências isoladas de dor, por episódios traumáticas pela ambivalência objectal dolorosa ou em resultado da falta de integração entre ideal do eu e eu, que desencadeie vergonha) ligando o que serão estados psicóticos isolados ou encapsulados com tudo o que está integrado. O pressuposto de uma nova psicanálise passa por:

- assumir que somos sábios e sensíveis, e que são as experiências de angústia que delapidam os recursos objectais deixando-nos ora descuidados, ora desamparados ora indiferentes;
- reconhecer que a interpretação é o fim do caminho de uma lógica de combinações que utiliza uma multiplicidade significativa de disciplinas que nos permitem compreender a vida mental (sendo que compreender não é condescender) ligando tudo aquilo que estava por integrado com tudo o que o que estava ligado entre si, compatibilizando leituras complexas e simples, ao mesmo tempo;
- concluir que a saúde mental supõe uma consciência de si (que integra duas consciências), integração (sendo que não há integração sem integridade) e uma intencionalidade empreendedora (que supõe fé, vínculos e relações objectais);
- sintetizar suponde que, primeiro, sente-se. Depois, imagina-se. A seguir, fantasia-se, para que se integre, através da função simbólica, e disso resulte uma intencionalidade empreendedora que se traduza em gestos espontâneos.

Uma nova psicanálise permite perceber que, em muitas circunstâncias, uma técnica analítica baseada na frustração é uma forma de condicionamento muito mais que um instrumento que promove transformações.

É, pois, necessário que uma nova psicanálise que entenda as diferenças entre assistência psicológica, aconselhamento psicológico, psicoterapia e psicanálise e que considere que os o século XXI exige uma psicanálise comprometida com a devolução do Homem à sua humanidade e que uma técnica activa tornará os acompanhamentos mais incisivos e menos leigos. Que assuma que a psicanálise não pode ser vivida como uma ideologia, com populismo e com demagogia científicas, deixe de ser complacente para com a cartelização da formação, e com as relações de corrupção, de vandalismo e de suborno do processo de procura da verdade. Que aceite que mais importante do que ir da fantasia à função simbólica, é que a função simbólica se transforme numa Intencionalidade empreendedora com que se aja sobre o mundo e as relações. E que considere a sabedoria humana e a bondade original de cada pessoa como pontos de partida para quaisquer transformações a caminho de experiências que dêem sentido ao con-sentir, ao com-pensar, à com-paixão e ao conseguir. Por tudo isto, ao fim de mais de um século de psicanálise, torna-se urgente afirmar: «A psicanálise morreu. Viva a psicanálise».

Apêndice 1

A INFÂNCIA DOS PAIS
NAS DIFICULDADES DOS FILHOS

A Infância dos Pais nas Dificuldades dos Filhos[6]

1.
A Família

Não é por termos filhos que nos tornamos pais. Nem é por sermos pais que os filhos que somos deixam de ser preponderantes dentro de nós.

Mas, afinal, o que é que é uma família? A consanguinidade cria a família? Há famílias estruturadas e, outras, desorganizadas? As famílias podem ser nucleares ou numerosas?

Não é verdade que os nossos consanguíneos sejam a nossa família. Muitas vezes, tornam-se estranhos colados a nós.

Ao contrário do que se insinua – a propósito dos casais que atravessaram processos de divórcio – não há famílias estruturadas (que, aos olhos de alguns, seriam aquelas onde as crianças coabitam com ambos os pais) e famílias destruturadas (que seriam, nesse a priori, todas as outras). *Coabitem ou não os seus diversos membros, uma família, para ser família, tem de ser estruturante.* Doutro modo, nunca será uma família. (Estruturante na forma como os pais estão vivos por dentro. Estruturante no modo como a relação deles convive – com autonomia e, sem nunca se subjugar – com a da família. Estruturante no modo como eles tomam cada filho como "o abre-te sésamo" com que descobrem mais da sua relação do que cada um, por si, conhece dela.)

---

[6] Texto elaborado em parceria com Raquel Vieira da Silva e Ana Rita Seixas

E uma família é, por inerência, numerosa. Composta por todas as pessoas, que apesar de terem ou não terem laços de consanguinidade connosco, abrem avenidas novas dentro de nós (e que, por mais que tenham um lugar no nosso coração, a surpresa dos seus gestos para connosco vai sempre à frente do que esperamos). *Pais suficientemente bons não são bons pais.*

Mas, afinal, para que serve uma família? Para suscitar a comunhão e nos revelar experiências comoventes. Para promover a autenticidade e a transparência. Para desenvolver a esperança e o sonho. Para amparar a dor. Para estimular as transformações. Para ligar amor e pensamento. Para educar para a verdade, para a humanidade, para a perseverança e para o arrojo. Para saber mais de nós do que nós próprios. E para ensinar que somos dignos de um passado sempre que o recriamos no futuro. Sendo assim, embora (formalmente) todos tenhamos uma família, poucos (muito poucos) se reconhecerão na sua. Porquê? Porque *o futuro da família começa na infância dos pais.*

Por isto mesmo, também não é verdade que quando nasce uma criança nasça uma família. Numa leitura mais linear, será assim quando uma criança traz aos pais os espaços de comunhão que, por si só, eles não conseguem construir. Todavia, sempre que os pais só conseguem falar dos filhos ou do trabalho estão divorciados, sem que o tenham percebido. Talvez, então, pudéssemos dizer que, quando nascem três crianças pode nascer uma família (Um primeiro filho é sempre, numa parte significativa, resultado das projecções da infância dos pais. Um segundo, pode clivar os investimentos de ambos os pais sobre cada um dos filhos, levando a que cada um dos pais se aliem a filhos diferentes. Um terceiro filho, ou os move para a identidade e para a autonomia de cada um ou aclara tudo o que lhes falta para serem uma família). Talvez... Mas, ainda assim, esta imagem de uma família seria muito redutora. Podemos ir mais longe: *sempre que uma relação precisa de um filho para que nasça uma família... nunca nasce uma família.* (Nessas circunstâncias um bebé será um Messias para as infâncias dolorosas dos seus pais. E como é fácil passar de Messias a Judas, logo que decepcione as idealizações a que eles se agarram para a construírem!...)

2.
Bebé Fantasmático, Bebé Imaginário e Bebé Real

A infância dos pais não é bem o lugar ameno, que algumas formulações – como a de Soulé (1982), quando falava de um bebé fantasmático, de um bebé imaginário e de um bebé real – deixam entender. Bebé fantasmático seria o precipitado das experiências da infância que, convergindo umas para as outras, nos preparariam – na fantasia – para a parentalidade. Bebé imaginário representaria o conjunto de construções, em redor da gravidez, que representariam uma gestação mental do bebé e evidenciariam uma antecipação dos comportamentos de maternalidade. Bebé real seria, na sua versão original, o confronto destas construções imaginárias na interacção pais-bebé. Numa leitura que resulta destas noções, seria possível conceber três círculos concêntricos onde o bebé fantasmático estaria contido no bebé imaginário que, por sua vez, seria contido pelo bebé real (figura 1). Salvo – digo eu – se, em consequência de uma gravidez subsequente a um luto ou em resultado de uma malformação, o bebé imaginário estiver, inconciliavelmente, além do bebé real.

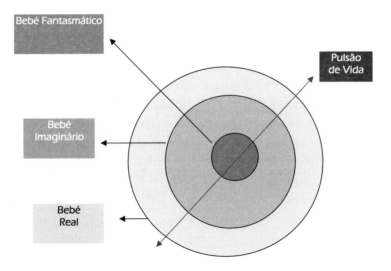

Figura 10

Se, por um lado, uma ideia como a de bebé real sugere a necessidade de pesquisarmos, em cada um de nós, os enredos e as construções que foram convergindo na nossa vida, que aprofundam e expandem aquilo que temos de mais palpável, por outro, será concebível que – entre as noções de bebé fantasmático, bebé imaginário e bebé real – se imagine um eixo que as liga, interpela e recria, permanentemente, dentro dos pais (que tomámos como *pulsão de vida,* e consideramos *como o resultado do investimento objectal triangulado dos pais sobre uma criança*). Isto quer dizer, que o bebé real alimenta as construções que se fizeram sobre o bebé imaginário que, por sua vez, dinamiza e integra o bebé fantasmático. Que, por seu lado, se relaciona, consoante as circunstâncias, com o bebé real, com o bebé imaginário ou com ambos. Se for assim, podemos dizer que *a pulsão de vida será a contrapartida psíquica do instinto de vida, que precisa de ser expandida e aprofundada, todos os dias, pelos investimentos concertados dos pais sobre uma criança.*

Mas se, do ponto de vista do desenvolvimento inicial, esta leitura nos parece articulada, não responde aos constrangimentos que sentimos na clínica a propósito das dificuldades dos pais em imaginar os filhos e de articularem com eles, de forma reparadora, os enredos das suas próprias histórias infantis. O que estamos a dizer é que é muito importante, ao construirmos a história clínica de uma criança, combinarmos sintomas e sinais e articularmos um diagnóstico do qual se retirem ilações para a psicoterapia (se for o caso). E é importante compreendermos a forma como a história de vida de uma criança se repercute na transferência e nas reacções que ela desencadeia no terapeuta. Mas é, ainda, mais importante, acedermos à infância dos pais – sobretudo, às suas experiências infantis dolorosas – e perceber de que forma interferem na construção de um bebé imaginário e na expansão da infância desse filho.

3.
Infância Fantasmática e Infância na Fantasia

A infância dos pais reparte-se nas experiências gratificantes de parentalidade (que, por convergirem umas para as outras, chamaremos infância na fantasia) e por experiências dolorosas (mal digeridas, a que chamaremos infância fantasmática). Tomamos a infância fantasmática dos pais como todas as experiências dolorosas, muitas vezes traduzidas em imagens soltas, expressões dolorosas ou relações perturbantes da sua infância (muitas vezes, protagonizadas pelos seus próprios pais), que os perseguem pela vida fora. Em inúmeras circunstâncias, serão essas experiências as principais responsáveis pelo modo como – em muitos momentos, olhando-as a partir de outros períodos do nosso crescimento – somos levados a colorir a infância com idealizações, imaginando-a amena e colorida em tons pastel. Esta condensação de experiências dolorosas da nossa infância - que existe (em graus diferentes) em todos nós, pode condicionar a infância na fantasia. (Isto é: *infância na fantasia e infância fantasmática convivem em todos nós. A infância na fantasia representa as experiências coesivas que criam a comunhão e a confiança básica, dinamizam espaços transitivos e expandem o self. A infância fantasmática as experiências muito dolorosas em que nos sentimos ora desiludidos ora decepcionados, no essencial, pelos nossos pais* (que deixam, até que surjam oportunidades reparadoras, um rasto de pequenos nós, episódios isolados de pânico ou medos, aparentemente, incompreensíveis, que condensamos na ideia de fantasmas, por serem, simultaneamente, incompreensíveis e, por isso, persecutórios).

Quando – na construção da função parental – predomina a infância na fantasia, há condições para a saúde mental de uma criança. A infância na fantasia não nos leva a preservar a criança que fomos, mas a recriar e a expandir, pela vida fora as experiências e as relações gratificantes da infância (pelo modo como somos pais e nos sentimos filhos, ou através dos breves episódios em que somos mimados por diversas pessoas). *Já a infância fantasmática perdura como um luto patológico,* que sugere um conjunto de memórias muito dolorosas que perseguem, *e condiciona a maior parte dos gestos de parentalidade* (parecendo estes pais, para sempre, ora crianças hostis e em fúria, ora crianças queixosas e lamurientas, ora crianças com uma depressão inacessível à palavra e ao apelo). *Quando predomina a infância fantasmática, reúnem-se os requisitos para que os pais a projectem sobre um filho, abrindo condições para o adoecer psicológico das crianças.*

Ao contrário da infância fantasmática, a infância na fantasia representa o precipitado de experiências gratificantes de parentalidade que, convergindo umas para as outras, alimentam a pulsão de vida, criam identificações introjectivas da função integradora dos pais, ligam-nas na identidade, e criam um conjunto de coordenadas que levam a re-criar como pais, as suas experiências de filhos. Recordando:

– Suscitam a comunhão;
– Promovem a autenticidade e a transparência;
– Desenvolvem a esperança e o sonho;
– Amparam a dor;
– Estimulam as transformações;
– Ligam amor e pensamento;
– Educam para a verdade, para a humanidade, para a perseverança e para o arrojo;

A infância fantasmática dos pais manifesta-se (preferencialmente) num primeiro filho, convergindo para ele, em muitas circunstâncias, as experiências fantasmáticas do pai e da mãe. *Às vezes, a infância fantasmática atravessa algumas relações amorosas e vários exercícios de parentalidade, só encontrando experiências reparadoras num filho mais novo ou nas experiências de avós. Nalguns casos, nem aí.* Por isso, podemos afirmar que na infância fantasmática se cruzam os pais que tivemos, os pais que desejámos ter e aqueles que não tivemos, as crianças e os filhos que fomos, e aqueles que desejaríamos ter sido (e que, por qualquer motivo, permaneceram dentro de nós, unicamente, idealizados), criando todos estes conteúdos uma barreira à parentalidade importante de esbater e, se possível, eliminar.

4.
A Relação dos Pais

A relação dos pais constrói-se com as suas infâncias. A infância na fantasia e a infância fantasmática são a estrutura matricial da relação conjugal dos pais e da parentalidade. Isto é: se dentro de ambos predomina a infância na fantasia, há condições para que, entre os pais, se venha a construir uma relação transitiva. Se nos dois pais predominar a infância fantasmática, há condições para projecções recíprocas de um pai sobre o outro ou de ambos sobre uma criança e, por isso, as condições para a patologia borderline e para a psicose estão reunidas. Se num dos pais predominar a infância fantasmática e no outro a infância na fantasia:

– há condições para o conflito que, no caso de ser mobilizante dos recursos da relação, cria no casal condições reparadoras para as experiências fantasmáticas de ambos.

No caso do casal não conseguir mobilizar os recursos da relação...

– agrava clivagens, acentua fracturas ou vinca a necessidade de uma separação e de um divórcio;
– ou condensa, nos sintomas psicopatológicos, as dissonâncias dos pais.

Uma relação transitiva supõe, retomando Winnicott, um espaço de vinculação e de autonomia entre duas pessoas, que os leva a descentrarem-se, espontaneamente, das experiências fantasmáticas das suas infâncias, tomando o espaço da relação como reparador dessas experiências. Num plano gráfico podemos imaginá-lo como dois círculos que compartilham uma intersecção comum (Figura 2). Representa um espaço que não é nem dentro nem fora e que resulta das experiências de comunhão entre duas pessoas. Por outras palavras, *havendo espaço transitivo há verdadeiro self (como sinónimo de gesto espontâneo, considerando Winnicott), confiança básica (Erikson), capacidade de rêverie (Bion), e vinculação segura (Bowlby).* Do nosso ponto de vista, há uma diferença significativa se um bebé imaginário for uma construção individual de um dos pais (e resultar das suas projecções fantasmáticas), ou se resultar de um sonho a dois que emana e se destaca do espaço transitivo de uma relação. Nesta última circunstância estão criadas as condições para a saúde mental de um bebé.

No entanto, nem sempre uma relação transitiva entre dois pais que imaginam um bebé perdura, para sempre, dessa forma. Quanto mais as relações são importantes e mais sabem de nós do que nós próprios, mais esperamos que nos surpreendam e mais exigimos que estejam para além de nós, o que nem sempre é possível. *Uma relação segura será assim se se conseguir manter, permanentemente, transitiva.* (Por exemplo, sempre que um casal – que construiu uma relação transitiva – se centra nos cuidados que dedica a um filho, mais hipóteses tem de transformar tamanho investimento objectal numa delegação narcísica diante essa criança, que a vai transformando num "principezinho" e faz com que as qualidades transitivas de uma relação se percam. Por vezes, à medida que se multiplicam as experiências de parentalidade, as hipóteses de o aprofundamento objectal entre os elementos de uma família ou se tornam mágicas ou a família resvala para acantonamentos narcísicos que a comprometem, criando condições para o adoecer da relação e dos seus membros.)

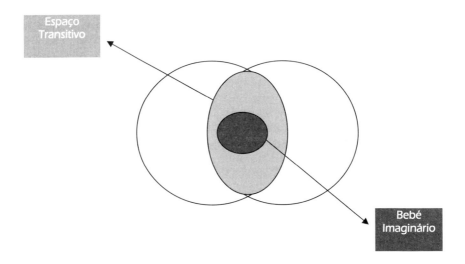

Figura 11

Se, apesar da qualidade individual dos pais não foram criadas condições para espaços transitivos consistentes e expansivos (porque, porventura, a infância na fantasia e a infância fantasmática se equilibravam – de forma mais ou menos paritária – em ambos, ou porque se foi vincando uma discrepância significativa no modo como cada um dos pais vive a infância fantasmática e a infância na fantasia), a criança passa a ser o espaço transitivo dos pais. Não sendo sobre o trabalho, estes pais conversam acerca dos filhos. Se isso mobiliza recursos para que as crianças usufruam de experiências gratificantes que, mais tarde, venham a dinamizar a sua própria infância na fantasia, esta dissonância fica mais ou menos esbatida. Se a atmosfera deprimida da relação dos pais, que trespassa para os seus filhos, perdurar pela vida fora, traduzida em omissões abandónicas, nessas circunstâncias, *a criança é uma prótese para a falta de relação nos pais* (figura 3). Se for assim, esta relação deprimida[7] dos pais tem tendência a quebrar-se na sequência de perdas significativas de um dos dois, a seguir a períodos de autonomia significativa de algum dos filhos, após experiências exuberantes de sofrimento, ou através de encantamentos amorosos que possam evoluir para relações transitivas.

---

[7] Galatzer-Levy (2006) fala dos atractores como um padrão de movimento para o qual, no decorrer do tempo, um corpo celeste tende para a direcção do atractor. Esse movimento é susceptível de ser considerado a propósito das relações familiares, se considerarmos um dos membros de um sistema familiar mais susceptível de atrair para a sua órbita o movimento do outro. (pela dimensão da sua problemática ou pelo prevalência da sua preponderância no sistema familiar).

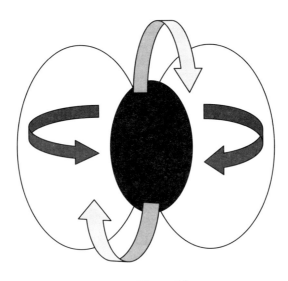

Figura 12

Há relações de casal que, em consequência da prevalência das suas infâncias fantasmáticas, não criam condições para um espaço transitivo, nem com o auxílio de uma criança. A relação de casal acaba por ser dominada por traços anaclíticos, pela emergência recorrente de angústia ou por defesas narcísicas. É uma relação borderline de casal. Nalguns destes casais, um dos membros assume um papel de suporte anaclítico enquanto o outro mobiliza contrapartidas narcísicas. No fundo, em consequência da prevalência das experiências traumáticas das suas infâncias, não existem – em cada um destes pais – competências para uma continuada integração psíquica. E uma criança, por mais que a tente mobilizar, mais acentua a angústia, acabando por soçobrar ao aspecto depressivo de um dos pais ou à aliança com as defesas narcísicas do outro. Por outras palavras: *na relação borderline de casal, uma criança é, simultaneamente, quem liga o que a clivagem dos pais separa, e mais desliga aquilo que eles insinuam, idealizadamente, querer ligar (Figura 4)*. No fundo, em função desta clivagem, *a relação borderline de casal não será bem uma relação mas um conluio, já que (no plano da comunhão, da autenticidade e da transparência, do modo como desenvolvem a esperança e o sonho, acolhem a dor, estimulam as transformações, e ligam amor e pensamento) não há espaço para a alteridade e para a autonomia.* Logo: (Bowlby que desculpe) não há vinculação. Desta forma, um filho corre o risco de ver a convergir para si o narcisismo de um dos pais, que lhe solicita que cumpra a sua missão regenerativa do narcisismo familiar, sem que, contudo, o autorize a rivalizar com o eu-ideal do pai narcisado projectado sobre si). Se, porventura, nestes casais, vierem a surgir outra criança, é muito provável que a clivagem que domina a família leve a que cada um dos pais estabeleça uma aliança com cada um dos filhos, fazendo com que ambas as crianças sejam parentificadas, deixando de haver um sub-sistema parental e um sub-sistema filial, mas uma confusão relacional disfarçada pela rigidez da clivagem prevalecente. É admissível que, num terceiro filho, a clivagem perca operacionalidade e se fissure, vindo este a tornar-se, mais tarde ou mais cedo, o paciente identificado da relação parental (que, por seu lado, tem na infância fantasmática de cada um deles a genése de todos estes desencontros).

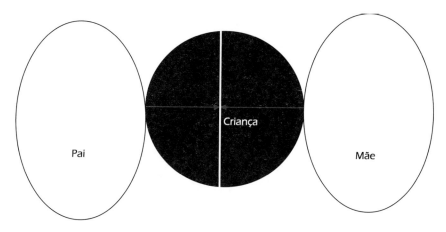

Figura 13

Há, ainda, relações de casal que, pela preponderância violenta da infância fantasmática de um ou ambos os elementos, se organizam em torno de uma iminência catastrófica permanente. São famílias psicóticas. Se a prevalência da infância fantasmática se der em ambos os membros de um casal, o caos da angústia gera circunstâncias catastróficas que os colocariam à beira do desmoronamento relacional e do desmantelamento psíquico. Nestas circunstâncias, cada um dos membros do casal utiliza o outro para projecções maciças, meramente com um fim evacuativo e sem quaisquer expectativas integradoras (figura 5). Em muitas destas relações, uma criança surge como recipiente que absorve as projecções de um dos pais (assumindo essa relação a dois um formato simbiótico, na qual o pai que parasita reclama por se sentir parasitado pelos apelos, sentidos como parasitantes, do filho que parasita). O outro pai denega a parentalidade - enquanto projecta, no pai que parasita - a culpa pela destrutividade entrópica da relação (o que exponcencia a projecção do pai parasitante sobre a criança parasitada). Se, em vez de uma, existirem várias crianças numa fratria, mais se acentua o desmoronamento mortífero da relação.

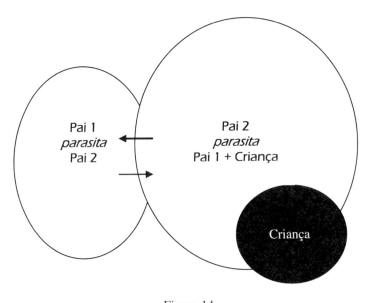

Figura 14

Em conclusão: nem sempre uma relação de casal borderline ou psicótica, por exemplo, desencadeia quadros igualmente graves nos respectivos filhos em observação. Nessas circunstâncias, poderá ter havido recursos relacionais alternativos que tenham esbatido os danos da parentalidade, mobilizando a resiliência.

5.
A infância dos pais nas dificuldades dos filhos

Não se justifica acompanhar clinicamente uma criança (como se fosse uma terapêutica antibiótica) enquanto permanece em "meio infectado". Isto é: *não se justifica, em circunstância nenhuma, o acompanhamento de uma criança quando a relação dos seus pais está, continuadamente, a gerar sofrimento (que, de forma continuada, gera mais sintomas). O acompanhamento clínico das crianças só se justifica se houver nos seus pais recursos que possam ser mobilizáveis: em paralelo ao acompanhamento, se for o caso; ou substituindo-se ao seguimento de uma criança.*

O acompanhamento dos pais no contexto clínico das crianças deve, genericamente, reunir três objectivos:

– Integrar episódios e enredos da infância fantasmática de ambos os pais, por forma a integrá-la nas respectivas infâncias na fantasia, criando condições para que a relação dos pais (e, em consequência, a boa evolução das queixas da criança) possa usufruir com isso;
– Intervir na relação de casal dos pais, de maneira a mobilizar os respectivos recursos em favor da boa evolução clínica de uma criança;
– Monitorizar a evolução clínica de uma criança, antecipando a repercussão familiar dessa sua evolução, à qual se acresçam sugestões de estratégias de intervenção para as dificuldades parentais diante de comportamentos da criança que decorram do seu quadro clínico.

a) na Relação Transitiva e na Relação Deprimida de Pais

Sejam quais forem as queixas de uma criança que nos chegue, é de prever que, num contexto transitivo, não se observem quadros clínicos de grande complexidade. Sendo assim, o acompanhamento de pais centra-se no seguinte formato:

Follow-up telefónico após a comunicação de resultados, onde – se a situação clínica de uma criança for reactiva ou se o quadro apresentado se situar no âmbito da neurose da criança, e se os seus pais manifestarem recursos saudáveis, quer individualmente quer enquanto casal (relação transitiva) – terão sido recomendados vários procedimentos educativos que, em curto prazo, terão de se traduzir em transformações significativas na sintomatologia apresentada (já que a estrutura psíquica da criança está preservada em torno da saúde);
Os contactos telefónicos deverão ir até a um máximo de 4, até se consolidarem as transformações esperadas.

Consulta terapêutica de Pais, após a comunicação de resultados, onde – se a situação clínica de uma criança for reactiva ou se o quadro apresentado se situar no âmbito da neurose da criança, e se os seus pais manifestarem uma relação transitiva – serão recomendados vários procedimentos educativos que, num curto prazo, terão de se traduzir em transformações significativas na sintomatologia apresentada (já que a estrutura psíquica da criança está preservada em torno da saúde mental, e é suportada pela vitalidade da relação dos pais);
Um consulta terapêutica de pais deve decorrer de 2 em 2 meses, com o técnico que fez a Comunicação de Resultados, até ao máximo de 4 sessões.

Consulta Adjuvante para Pais
Sempre que uma criança está em acompanhamento psicoterapêutico, seja qual for o quadro que apresente, uma vez em cada 45 dias, realiza-se uma consulta de pais cujos objectivos, além dos descritos na Consulta Terapêutica de Pais, são acrescidos por uma estimativa permanente das consequências que o acompanhamento psicoterapêutico terá na vida familiar, e na relação com a família alargada, a escola e a rede social da criança.

Uma **Consulta Adjuvante para Pais,** deve condensar movimentos clínicos exploratórios em torno:

- dos objectivos do acompanhamento
- dos aspectos da infância dos pais nos investimentos sobre a criança
- da convergência das histórias de vida dos pais sobre a criança
- das coordenadas que prevalecem na relação dos pais com os irmãos da criança em acompanhamento
- nas implicações da família de origem de ambos os pais no modo como as respectivas infâncias fantasmáticas se repercutem sobre a criança em acompanhamento
- na forma como os episódios da vida familiar potenciam ou inibem as infâncias na fantasia dos pais
- nas fantasias, repercutidas sobre a criança em observação, das respectivas infâncias na fantasia dos pais e nos fantasmas que ressaltam das suas infâncias fantasmáticas
- na qualidade da relação conjugal e sua repercussão na dinâmica da criança

b) Relação Borderline de Pais

Perante uma criança que surja no contexto de uma família Borderline recorre-se, sempre, à **Psicoterapia de Pais**, com ambos, de dois em dois meses, centrada:

– em todas as nuances da infância fantasmática que cada um repercute no quadro clínico da criança;
– e nos pressupostos da relação de casal que se enquistam em torno do quadro clínico identificado.

c) Relação Psicótica de Pais

Em crianças em acompanhamento cuja relação parental seja do âmbito da Psicose a **Psicoterapia de Pais**, centra-se no pai que, reclamando pela simbiose a que se sente preso, parasita a criança. Decorre, no máximo, de dois em dois meses, centrada no modo como a sua infância fantasmática encontra no filho o espaço de projecção e de evacuação das suas imagos persecutórias.

6.
Conclusão

Não é por termos filhos que nos tornamos pais. Nem é por sermos pais que os filhos que somos deixam de ser preponderantes dentro de nós.

Coabitem ou não os seus diversos membros, uma família, para ser família, tem de ser estruturante. Doutro modo, nunca será uma família. (Começando na forma como os pais estão vivos por dentro. Seguindo pelo modo como a relação deles convive – com autonomia e, sem nunca se subjugar – com a da família. Terminando, no modo como tomam cada filho como "o abre-te sésamo" com que descobrem mais da sua relação do que cada um, por si, conhece dela.) Por isso, *pais suficientemente bons não são bons pais.* Assim suscitem a comunhão e revelem experiências comoventes, promovam a autenticidade e a transparência, desenvolvam a esperança e o sonho, acolham a dor, estimulem as transformações, liguem amor e pensamento, e eduquem para a verdade, para a humanidade, para a perseverança e para o arrojo. Porque o futuro na família começa na infância dos pais.

Bibliografia

GALATZER-LEVY, R. (2006). Possibilidades caóticas: rumo a um novo modelo de deenvolvimento. *Livro Anual de Psicanálise* (Tomo XX). São Paulo: Editora Escuta Lda.

Apêndice 2

ENSAIO SOBRE A BONDADE

> *Depois das grandes revoluções que o império romano e o cristianismo trouxeram à Humanidade, mudando mentalidades e comportamentos, os portugueses terão criado a grande revolução do Renascimento (que veio a encaminhar-nos para a revolução francesa e para o positivismo). Na verdade, os Descobrimentos portugueses e o terramoto de Lisboa mudaram o mundo. Os primeiros, porque revelaram quanto o engenho humano consegue ultrapassar medos e demónios. O segundo porque deixou a descoberto a grande incongruência da justiça divina (dando espaço para que a justiça dos homens se substituísse à delegação papal na constituição do poder político e confluísse para a ideia de um Estado de direito).*
>
> *A exponencial bondade da técnica no nosso quotidiano, a significativa democratização dos recursos económicos e do acesso ao conhecimento, no pós-guerra (e o contacto cada vez mais tardio com a morte e com a nossa pequenez) tornaram a religiosidade distante e assustadora. E o acto de re-ligar e de sintetizar o que se sabe com o que se desconhece foram tornando, no nosso tempo, a subjectividade humana distante, misteriosa e assustadora.*
>
> EDUARDO SÁ
> Más Maneiras de Sermos Bons Pais

1. Procurar problemas

Há vinte anos, a minha filha, depois de me ter interpelado sobre o que estariam a lua e as estrelas a fazer no céu (explicando-me, com displicência que a lua estava no céu a fazer estrelas...) perguntou-me – mais tarde – se haveria uma máquina que fizesse ondas, no mar. Escuso de vos dizer que reagi com o enfado dos distraídos. As ondas e o mar, as estrelas e a lua sempre me acompanharam, enquanto cresci, pelo que ela me parecia estar a procurar problemas. Era muito jovem, nessa altura, e não percebi como são sábias as crianças: procurar problemas, diante do que parece banal ou nos acompanha todos os dias, encaminha-nos para a sabedoria. (Eu não seria uma espécie de entidade enciclopédica, capaz de rivalizar com Deus – como talvez a minha filha esperasse – mas não fui um bom pai, porque entre as dúvidas dela e as minhas certezas, escolhi as certezas. E foi a partir de questões tão fundamentais como o mar, a lua ou as estrelas que, desde aí, fui percebendo que são os erros que nos tornam inteligentes, que cada certeza se tece com as dúvidas que não merecemos, que só quem acede ao espanto procura problemas e quem os acolhe se torna ingénuo e sábio.)

2. O mundo depois de Darwin

O mundo tornou-se mais sábio desde que passou de uma atmosfera dominada pela lei de Deus (interpretada, muitas vezes, de forma intolerante e fundamentalista) para a Idade Moderna, onde a lei do Homem, a ciência e a técnica arquitectaram outra relação com a vida e com a morte. O mundo, depois da revolução francesa e do positivismo, mudou para melhor! Mas também conviveu com efeitos maus desta perspectiva moderna da vida:

- através de uma falsa noção da grandeza humana, que correspondeu ao esbatimento – cada vez mais crepuscular – da ideia de Deus (tomada, ora como certeza inquestionável, ora liminarmente, desqualificada, sem se perscrutar sobre o sentido que possa representar em cada Homem). Um e outro *a priori* esquecem que cada certeza esconde todas as dúvidas que não merecemos;
- e, através das consequências tecnocráticas e burocráticas de mundo e de pessoa, foi desvalorizando a subjectividade humana (menorizando a exaltação, a dúvida, a paixão, o medo, a fantasia, a esperança, a dor ou o sonho) e considerando que, sob os auspícios da técnica, seja o que for de que se trate, desde que funcione, logo se justifica (um pouco como

quando, evitando procurar problemas, desqualifiquei, sem dar alternativas consistentes, a hipótese de haver uma máquina a fazer ondas, dentro do mar).

O mundo depois de Darwin – a cuja morte da sua interpretação mais fundamentalista hoje vamos assistindo – está (com as novas tecnologias, por exemplo) a descobrir que podemos ter o rigor e a seriedade intelectual do método científico tornando-nos, apesar disso, mais pessoas. Quer quando convertemos um instrumento de guerra (como a internet) na mais fantástica enciclopédia de todos os tempos, como quando utilizamos um telefone móvel como um instrumento que, à distância de um clicar, nos põe mais perto de quem não nos deixa estar só ou de uma mensagem (escrita duma forma minimalista, com ternura ou com amor). Qual vai ser, a meu ver, o futuro da ciência? O Homem! Se preferirem o pleonasmo: as ciências humanas. E, nestas, a psicologia. Relevando o Homem que sente, o Homem que pensa, ou o Homem que – em face de decepções cumulativas – sofre. O Homem que cria, o Homem que crê.... Mesmo que para alguns darwinistas mais fundamentalistas o mais tolerável da subjectividade humana sejam as neurociências...

Estarei, ainda assim, a defender uma visão laica do conhecimento? Sim. O mundo depois de Darwin – recordo-vos – está a descobrir que podemos ter o rigor e a seriedade intelectual do método científico tornando-nos, apesar disso, mais pessoas. Será a ciência incompatível com a religiosidade? Não. Re-ligar é sintetizar e integrar TUDO o que se passa dentro de nós. Pensar, portanto. Todo o conhecimento parcial não é conhecimento: é ideologia. Todo o conhecimento que ignore as perplexidades humanas, tiraniza a capacidade de nos espantarmos e de pormos problemas. Todo o conhecimento que nos pretenda fidelizar a certezas dá-nos as soluções antes de o pormos em dúvida. Suponho que a escola está, dramaticamente, em todos os níveis do ensino, a tornar-se assim. E alguma psicanálise também.

3. Sobre Deus e o Homem

Deus pode não ter criado o mundo (e não o criou, seguramente, tal como hoje o conhecemos) mas pergunto-me se não corremos o risco (tal como fiz a propósito da máquina das ondas) de nunca o questionarmos, só porque a ideia da sua presença nos acompanhou todos os dias. Será Deus importante para o Homem? É! Porquê? Porque Deus – feitas as contas por baixo – representa tudo aquilo que seríamos se fôssemos perfeitos. Deus é, por assim dizer, uma maneira de sermos pequeninos (ou filhos) para sempre. Mas é, também, aquilo a que chegamos quando – através do amor, por exemplo – nos tornamos comoventes ao convivermos com experiências de comunhão. Será "estar em Deus" (en – theo, de onde deriva "entusiasmo", que tomo como sinónimo da comunhão humana) incompatível com uma ideia Darwinista da vida? Não. Mais que não seja como metáfora, Deus coloca-nos diante da necessidade de crescer da pequenez humana até à sabedoria ou do egocentrismo à comunhão relacional. E releva a perfeição como meta e como miragem, ao mesmo tempo. Um mundo pós-moderno pode construir uma ciência de rosto humano? Sem dúvida. Pode contribuir para que, com a ajuda da psicologia, *sempre que integramos tudo o que faz parte de nós (emoções, sentimentos, fantasia, sonho, convicções, fé, dores, etc.) nos tornemos pessoas mais complexas e mais simples, pessoas melhores e mais bonitas.* Aliás, só integrando tudo o que faz parte nós nos transformamos.

Uma ideia exclusivamente darwinista da vida talvez releve o deslumbramento do presente sobre o passado e o futuro. Mas uma ideia pós-moderna de mundo estimula-o mais, ainda. Será o consumismo, por exemplo, uma das consequências exacerbadas de uma ideia pós-moderna de vida? É. E talvez com ele se veja como o presente tiraniza o passado e pode hipotecar o futuro (como se cada amanhã fosse sempre longe demais). Sempre que somos dominados pelo presente, mais somos eu-ideal, e mais nos divorciamos de um ideal do eu e de uma visão cosmopolita de conhecimento. Por mais que o presente se nos imponha, todos temos uma história com momentos feios e dolorosos e, ao contrário de uma ideia pós-moderna do Homem, o futuro vai continuar a aceitar pessoas imperfeitas. O melhor do mundo é o futuro!

Retornarmos, no futuro, à interioridade humana não nos trará de volta ao obscurantismo: a sua ignorância sim! Retornarmos ao Homem não é andar para trás, como se a fé aniquilasse a dúvida, a subjectividade atropelasse a racionalidade e a ciência, e o humanismo nos divorciasse do futuro. Ora, acho eu, uma ideia pós-moderna de mundo pode pressupor que a lei humana prescreva sempre que se ignore a pessoa. Que à instrução se sobreponha a educação. E que sobre Deus prevaleça a comunhão e o amor. Basta que, para tanto, se perceba que, à escala do universo e do futuro, somos pequenos, para sempre. Ou, doutro modo: a infância nunca morre; apenas adormece. E que a solidão é o reduto a que se chega quando vacila a comunhão. Marc Augé di-lo doutro modo: «sobreviver, se o desejarmos, é compreender que nunca estamos realmente sós».

4. A bondade original

Será compreensível que – com Zygmunt Bauman (2007) – se afirme que: «(...) "ser moral" não significa que sejamos "bons" mas que utilizemos a nossa liberdade de autores e/ou actores como uma escolha entre o bem e o mal» (reiterando, depois: "termos de escolher entre o bem e o mal significa que nos encontramos numa situação marcada pela ambivalência")? Se a nossa responsabilidade nas escolhas me parece não oferecer dúvidas, ao contrário do que ele afirma, não concordo com essa ambivalência original.

Isso que dizer – pergunto – que somos, desde o início da vida, igualmente competentes para o bem e para o mal? De acordo com a opinião do autor, sim (presume-se). Mas – pergunto, outra vez – escolhe-se fazer o bem? Ou serão, antes, o mal e o bem que nos escolhem antes que os escolhamos a eles? Inclino-me para este pressuposto. Isto é: no início da vida, apesar dessa aparente ambivalência original, não escolhemos entre mães vivas ou mães cercadas pelo desalento, pela hostilidade ou pelo enfado. E, apesar de todas as formas de reanimação a que os bebés recorrem, são estas últimas mães (com pais e famílias mais ou menos similares) que nos formatam, matricialmente, para o mal.

Aliás, se as probabilidades de sermos bons ou maus fossem idênticas *a priori* (como decorre da perspectiva do autor) ficam por esclarecer os factores com que se enviesa esse presumível equilíbrio inicial (e a preponderância com que se manifestam). Ora, eu acho exactamente o contrário. Apesar de serem mais as vezes em que reconhecemos o outro do que aquelas em que nos reconhecemos no outro, acho que *nascemos competentes para a bondade*. Falarmos de uma bondade original não significa que se veja o mundo como se a maldade não existisse. Falarmos de uma bondade original supõe que somos todos, desde o início, competentes para a vinculação. Supõe (recorrendo à etologia) que não há vinculação sem autonomia. E que toda a relação que não comporte a autonomia faz com que a realidade de uma pessoa passe a prevalecer sobre a de outra, tornando manipulável e perverso o que poderia ser paritário e plural.

Isto quer dizer que emoções (como o ódio) ou sentimentos (como a ternura) convivem em todos nós. (Será por isso, suponho eu, que os filósofos mal informados sobre a psicologia, imaginam uma paridade, desde sempre, entre o bem e o mal.) Convém, no entanto, relembrar que «não é céptico quem desconfia da bondade aparente dos bons (...) mas quem, de uma maneira ou doutra, considera a liberdade de escolha como disfarce ou abrigo do irremediável» (Savataer, 2007). Sentir ódio não significa ser invejoso, como experimentar a inveja não nos torna, só por si, invejosos. Todos os sentimentos e todas as emoções são formas de compartilhar a subjectividade humana. Sempre que as emoções e os sentimentos se compartilham nunca são maus; logo que se guardam, tornam-nos maus. Isto quer dizer que, sempre que o ódio se expressa isso pressupõe, em quem o manifesta, a esperança de que a pessoa – junto de quem ele se vive – acolha, interprete e transforme essa experiência subjectiva. Por outras palavras, o ódio não é o contrário do amor. É uma revolta destrutiva contra os apelos ao apego insatisfeitos. Sendo assim, emoções ou sentimentos maus são todos aqueles que não encontram espaço de integração em nenhuma relação; espaço para serem vividos de forma espontânea, transparente... e segura (e não tanto aqueles que, macroscopicamente, parecem ser maus). Poderá ser, por isso, o amor sem objecto um sentimento... mau? Pois pode. Sendo assim cria-se bondade quando duas experiências, dois sentimentos, ou duas individualidades se encontram, de forma recíproca e espontânea, na mesma comunhão. E a maldade resultará dos apelos ao apego, cumulativamente, insatisfeitos.

Sendo assim, na melhor das hipóteses, a maldade escolhe-se e a bondade escolhe-nos; uma e outra em função do bem. Sempre que somos objecto do bem rejeitamos o mal; logo que nos fazem mal desconfiamos do bem. Quando temos o discernimento de reconhecer as pessoas com quem nos tornamos melhores e aquelas que nos falseiam, e não as escolhemos, tornamo-nos maus. Por outras palavras: não-escolher é uma forma de escolher a maldade. Já se tomarmos a compaixão (literalmente: com-paixão, como reciprocidade de paixões) como sinónimo de bondade perceberemos que a bondade nunca se pratica: antes nos surpreende. Sendo assim, talvez a caridade seja o contrário da compaixão.

Vejamos, em resumo, a prevalência da bondade na natureza humana:

- apesar do sistema nervoso humano – do ponto de vista das emoções, dos sentimentos e dos pensamentos – ser ambivalência, temos convicções e fé (no amor, incondicional, de algumas pessoas por nós, por exemplo);
- por mais que fujamos de pensar, o pensamento é a consequência, inevitável, da anatomo-fisiologia nervosa;
- por mais que evitemos a relação somos, incontornavelmente, vinculativos;
- por mais que vivamos sufocados em angústia (e nos seus sucedâneos retentivos como o enfado, o desalento e a hostilidade) continuamos a ter futuro, esperança e relação;
- por mais que haja pulsão de morte há instinto de vida.

Ainda assim, não somos bondosos. A bondade é o produto duma reciprocidade relacional muito mais do que uma qualidade imutável.

5. Socorro em silêncio

O mundo, depois de Darwin, tornou-se mais laico. O formato «católico não-praticante» (relativamente vulgarizado nos cidadãos do mundo ocidental, que vivem sob a influência do catolicismo) talvez esconda uma descrença mal-assumida na existência de Deus, que se torna conveniente nas circunstâncias em que (pela exuberância do sofrimento, por exemplo) se aviva a pequenez humana. Hoje as pessoas acreditam, inequivocamente. Menos em Deus. E isso é mau. Deus pode ser entendido como uma metáfora, mas não acreditarmos em Deus e sermos Deus são coisas diferentes. Deus talvez represente um ideal do eu diante do qual, por maior que seja o nosso domínio sobre o mundo, mais se esclarece o quanto somos, como pessoas, «operários em construção». Matte-Blanco di-lo de forma mais bonita quando afirma que amar é uma forma de deicídio sem matar Deus. Isto é, se amar é dizer eu e tu ao mesmo tempo, então a comunhão será a forma de estarmos em Deus sem sermos Deus. Leonardo Bohf é mais eficaz quando afirma – repito-me – que estar em Deus (en-theos) representa a raiz etimológioca da palavra entusiasmo. Esse será um dos maiores desafios da nova psicanálise: separar os que acreditam nela[8], os que mentem com ela[9], os charlatães[10] e os cépticos[11].

Mas se o mundo pós-Darwiniano trouxe consigo o deslumbramento do domínio do Homem sobre a Natureza, (no que foi acompanhado, desde os anos 80 do século XIX, pela sociedade da abundância e do consumo), o ideal do eu (que é uma construção colectiva) tem vindo a ser substituído pelo recurso solitário a um eu-ideal, onde a ganância, a avareza e a usura relacionais substituíram o desejo e ambição. Na verdade, mais ganância é menos desejo e menor ambição; é mais presente e menos futuro. Apesar das transformações civilizacionais que nos marcam desde o Renascimento, tamanho deslumbramento não será diferente dos pecados de Adão e de Eva, de Prometeu ou de Sísifo (que, ao contar os segredos dos deuses aos mortais, ficou condenado a empurrar, eternamente, uma pedra gigantesca até ao cimo de um monte que, logo que se aproximava do cume, caía para o sopé). Afinal, o eu-ideal vive a subjectividade humana com cinismo. E esse será um outro desafio da nova psicaná-

---

[8] O crente assume , fundamentando, que algo é verdade (Savater, 2007)

[9] O mentiroso sabe que «só mentimos de verdade quando negamos, voluntariamente, a verdade» (ibid.)

[10] O charlatão fala sem saber do que está falando (ibid.)

[11] O céptico valoriza de tal forma a verdade que a situa fora do nosso alcance, por excesso de escrúpulos (ibid.)

lise. Uma nova psicanálise já não retorque com Freud ao racionalismo Kantiano – que nos retratou "(...) como seres morais apenas na medida em que subordinamos os nossos desejos físicos naturais às ordens da razão universal que percebemos através da nossa capacidade de raciocínio" (Singer, 2006) – mas toma o psiquismo como um diálogo de consciências onde a profundidade maior resulta não na descida às profundezas dos fantasmas e da fantasia humanas, mas na comunhão de consciências (ou consciência alargada) e da comunhão na relação. Uma nova psicanálise percebe que, se bem que a sexualidade seja um dos raros lugares onde corpo e pensamento comungam num só gesto, a sexualidade dos primórdios do cristianismo ou a sexualidade do século XIX são psicose, e que mais importante que impulso sexual é o amor pela vida, a pulsão do amor, e o entusiasmo como resultado das experiências de comunhão que ela protege. Uma nova psicanálise percebe que, mais do que um drama privado, há dentro de cada pessoa um sentido de verdade que se apresenta com uma força de «pulsão para a verdade» (Groststein, 2006). Uma nova psicanálise já não perspectiva um aspecto trágico e solipsista do Homem diante dos dilemas do seu crescimento mas transforma-o para que, de forma intencional e empreendedora, recrie relações redentoras. Uma nova psicanálise casa complexidade e simplicidade e devolve o Homem à humanidade. Uma nova psicanálise percebe que somos felizes sempre que vivemos os sentimentos em liberdade. Ou, com Goethe, entenderá que «Pensar é fácil. Agir é difícil. Agir segundo o seu próprio pensamento é a coisa mais difícil do mundo».

Num mundo que (com Darwin) se tornou, saudavelmente, prometaico, e onde (depois de Freud) se aceita que em todos nós convivem as memórias jurássicas dos hominídeos, as emoções básicas dos animais e a clarividência cortical e cultural do Homem, como podemos hoje compreender as relações entre os pais e os filhos, ao abrigo de uma reflexão ética? Podem as experiências infantis dolorosas dos pais tornar-se numa forma de maldade sobre os filhos? Seguramente. Por exemplo: sempre que os pais querem poupar aos filhos às suas dores infantis – propiciando-lhes as experiências que nunca terão tido, enquanto crianças – isso não é bondade, porque os pais fazem prevalecer a sua realidade sobre a dos filhos. Muitas vezes, com isso pedem socorro em silêncio. Será caridade. Mas não é compaixão!

Isso quer dizer, então, que sempre que os pais não são bons se tornam maus? Sim. Provocam dor (por vezes, imaginando que fazem o bem). Sempre que infrigem dor trazem, com ela, uma experiência de descuido que magoa. E logo que não a reconhecem e mal-entendem o modo como são interpelados, desamparam. Muitos desamparos cumulativos são sentidos como des-interesse e des-conhecimento e encaminham para a indiferença que é um estado crónico de choque que se observa subjacente à psicose como a quadros psicossomáticos (como as doenças auto-imunes, as doenças degenerativas do sistema nervoso e a alguns carcinomas). Os desamparos cumulativos são experiências paradoxais que nos fazem sentir desconhecidos de quem devia conhecer mais de nós do que nós próprios. O que enlouquece devagarinho. Recapitulando: *descuido, desamparo e indiferença* são os degraus que estão subjacentes ao sofrimento depressivo. Também na relação entre os pais e os filhos. E resultam de desilusões e decepções na expectativa vinculativa que uns têm em relação aos outros. O descuido compromete a função simbólica; o desamparo a fantasia; a indiferença a sensibilidade.

Devem, então, a relação entre os pais e os filhos ser paritária, para que previna a dor? Sim. Mas igualdade de direitos não supõe semelhança de responsabilidades. Ora, o que complica esta imensa complexidade de gestos entre os pais e os filhos é que muitos episódios da infância dos pais perseguem muitos dos seus gestos. (A eles venho chamando infância fantasmática.) Primeiro, levam a que eles se deixem de espantar e de pôr problemas. A seguir, atordoam a capacidade de pensar. Depois, entorpecem a fantasia. Por fim, adoecem quando adormece a sensibilidade. Se as crianças esperam que os pais guardem o melhor da sua infância, o melhor da sabedoria e do sentido de justiça dos seus pais, tudo isso envolvido numa noção de presente e de futuro, já os pais esperam (muitas vezes) que elas sejam, simplesmente, a sua redenção (qualquer coisa parecida como o *Pai Natal*, a *Fada Madrinha* e o *Génio da Lâmpada*, ao mesmo tempo).

O que dificulta a bondade dos pais é que, para muitos, «muito cedo foi tarde demais». Para muitos pais, a solidão foi o reduto a que chegaram – com descuidos, desamparos ou indiferença – sempre que vacilou a comunhão. Mas se as crianças esperam que os pais sejam um reservatório de fé na vida e nas pessoas, um planalto de clarividência e de justiça, uma clareira de convicções e de tolerância, e o exemplo de desassossego e de tranquilidade que se ligam, os pais talvez só esperem que elas os ensinem a pôr problemas, diante do que parece banal ou nos acompanha todos os dias. E se, com isso integrarem a sua infância na dos filhos tornar-se-ão mais ingénuos e mais sábios, mais complexas e mais simples, pessoas melhores, mais leais e mais bonitas.

Bibliografia

BAUMAN, Z. (2007). *A vida fragmentada*. Lisboa: Relógio d'água
GROSTSTEIN, J. (2006). O sétimo servo: implicações de uma pulsão para a verdade na teoria "O" de Bion. *Livro Anual da Psicanálise* (Tomo XX). São Paulo: Editora Escuta Lda.
SÁ, E. (2008). *Más maneiras de sermos bons pais*. Lisboa: Oficina do Livro.
SAVATER, F. (2007). *A vida eterna. Lisboa*: Fim de Século.
SINGER, P. (2006). *Como havemos de viver?*. Lisboa: Dinalivro.

Apêndice 3

ESQUEMA DE SÍNTESE DAS COORDENADAS PARA UMA NOVA PSICANÁLISE

Esquema de síntese das coordenadas para uma Nova Psicanálise

Diagnóstico Semiológico	Avaliação de Sintomas e Sinais	ICD e DSM
Sistema Imunitário da Mente	Emoções	Medo, ira, tristeza e felicidade. Nojo, surpresa, desprezo, culpa e vergonha.
	Defesas autonómicas	Stress agudoà Ira ou Stress Crónica com comprometimento do hipocampo e das defesas imunitárias
	Mecanismos de Defesa	Recalcamento, isolamento do afecto, condensação, etc.
	Defesas ansiolíticas e defesas anti-depressivas (A angústia é um sinal fisiológico que se transforma num putativo desamparo, ogo que falta quem a acolha, a compreenda e a transforme em gestos espontâneos de intencionalidade empreendedora.) A angústia por mentalizar é sempre persecutória e deve-se a experiências isoladas de dor por episódios traumáticos, pela ambivalência objectal dolorosa ou em resultado da falta de integração entre ideal do eu e eu, que desencadeia vergonha. A depressão resulta de experiências de perda objectal. O Descuido leva à Desilusão. O Desamparo à Decepção e ao Desprezo. A Desvitalização à Indiferença.	Defesas Ansiolíticas ou Defesas Obsessivas: Isolamento do Afecto, Controle Anal e Racionalidade. Defesas Anti-depressivas: Narcisismo (Quanto mais se generalizam as defesas ansiolíticas e as defesas anti-depressivas mais a saúde mental vai da posição neurótica do funcionamento mental para a patologia narcísica da estrutura borderline)
	Sintomas e Sinais	Sempre que falham os diversos níveis da defesa e se geram Sintomas as experiências de desamparo multiplicam-se levando a uma confusão de linguagens que predispõe para episódios violentos que geram núcleos psicóticos.
	Estruturas psicopatológicas	Logo que os sintomas se encapsulam e calcificam conduzem a estruturas psicopatológicas que geram uma imunodeficiência adquirida.

Diagnóstico Nosográfico	Posição Neurótica (Neurose Histérica Neurose Fóbica)	Angústia de Castração Fantasia Inconsciente prevalente: de desmantelamento das barreiras superegóicas Depressão dominada pela prevalência da Posição Depressiva Pensamento Simbólico Relação de objecto total, com prevalência da ambivalência Componentes psicossomáticos lábeis Passagens ao acto dominadas por lapsos e actos falhados, com culpabilidade e reparação Mecanismos de defesa prevalentes: Mecanismos de defesa prevalentes: Recalcamento e Deslocamento
	Estrutura Borderline (Neurose de Angústia, Neurose Obsessiva, Ptologia Narcísica, etc.)	Angústia de Separação Fantasia dominada pelo fantasma de loucura ou de incontinência pelo agir Depressão prevalente: depressão anaclítica Pensamento mágico ou simbolismo arcaico Relação de Objecto prevalente: Anaclítica e Narcísica Componentes psicossomáticos prevalentes centrados no Aparelho Digestivo, Visão, Audição Acting por Impulso, com projecção da culpa Mecanismo de defesa prevalente: Clivagem Operante
	Estrutura Psicótica (Doença Biolar, Esquizofrenia, Autismo, etc.)	Angúsita de Fragmentação Fantasia dominada pelo fantasma de morte Depressão prevalente: Melancolia Pensamento por Contiguidade Simbólica Relação de Objecto Autística e Simbiótica Componentes psicossomáticos prevelentes centrados na Pele, Olfacto, Tacto, Paladar Actings por Incontinência com culpa persecutória Mecanismos de defesa prevalentes: Identificação Adesiva, Desmantelamento e Identificação Projectiva
Diagnóstico Dinâmico	Contra-transferência	Há uma contra-transferência negativa e uma contra-transferência positiva? Não. A contra-transferência é sempre negativa. Por outras palavras, sempre que há contra-transferência não há comunhão. A comunhão será uma reciprocidade de contra-transferências. A rêverie será o resultado da comunhão. E são as experiências de comunhão que promovem a transformação. Sempre que não há comunhão há narcisismo e falso self.

	Transferência Estimada	As experiências objectais fazem-se sempre em função de objectos totais. A experiência de objectos parciais resulta da clivagem a que se recorre quando as características cpntraditórias dos objectos não promovem a sua integração mental. Sendo assim, as projecções são sempre massivas: na psicose e fora dela. Na psicose, projecta-se o sofrimento violento que prevaleceu nas experiências relacionais; na saúde as experiências gratificantes que nos habilitam para a empatia, para a amabilidade e a pluralidade. Estimar uma transferência passa por calcular de que modo as relações objectais matriciais ou prevalentes numa pessoa não deixam de se fazer repercutir numa relação clínica por mais que, num primeiro momento, delas só pareçam emergir censura, repressão e falso self. Ao aclarar essa inevitável projecção massiva o terapeuta coloca, muito antes do paciente, o objectal no centro do trabalho clínico.
	Fantasia Inconsciente	Fantasia como cascata de enredos de histórias de vida numa relação vivificante com a atenção flutuante e a associação geral.
	Fantasmas	Medos persecutórios que parasitam a fantasia.
	Organizadores Inconscientes da Família	Mitos, Segredos e Alianças Familiares
Diagnóstico de Saúde Mental (Marcadores)	Sensibilidade Atenção e Memória	Sensibilidade = sentidos x sentimentos (Sensibilidade = Atenção Flutuante) Atenção = Consensualidade de Sentidos Memória = Associação Geral
	Erotismo	Enamoramento, paixão, amabilidade
	Expressão espontânea da Fantasia	
	Hipóteses Definitórias e Indagação	A hipótese definitória representa um facto seleccionado, uma hipótese, que organiza um conjunto de associações, e representa uma tentativa de estabelecer uma relação entre elas. A indagação é movida pela curiosidade que se dirige ao sofrimento, que se poderá traduzir, por exemplo, no modo como o interpreta.
	Função simbólica...	Produto do trabalho de sonho e do trabalho de luto onde a fantasia surge desparasitada de fantasmas onde a associação geral surge com uma finalidade integrativa de onde decorram movimentos de intencionalidade empreendedora.

	Self	Como resultado da triangulação objectal
	Núcleo do Self	Como resultado da triangulação identificatória. Onde há triangulação há verdadeiro self e um "aparelho de pensar".
	Predominância de mecanismos de defesa neuróticos...	... como por exemplo a negação e o recalcamento.
	Ausências de contrapartidas psicossomáticas...	... com prevalência de queixas somáticas difusas ou polissintomáticas que acompanham os estados ansiosos.
	Actos de intencionalidade empreendedora...	... movidos pela empatia, pela amabilidade e pela pluralidade que transformam o sonho num projecto exequível, comparticipado e transformador.
		1-4 Prognóstico Reservado 5-7 Bom Prognóstico 8-10 Excelente Prognóstico
Diagnóstico da Infância	Infância na Fantasia	Episódios com rêverie que resultam de experiências de comunhão.
	Infância Fantasmática	Experiências de sofrimento agudo, de sofrimento insidioso ou de sofrimento violento que enviesam os recursos de saúde mental ou os estrangulam, tendencialmente, no sentido duma estrutura psicopatológica.
Diagnóstico de Casal	Dois pressupostos: homeostase e equilíbrio	A homeostase será a antítese do equilíbrio. Homeostase é impasse. Equilíbrio pressupõe experiências de comunhão e conflito. A homeostase alimenta-se de mitos familiares, de alianças e de segredos. O equilíbrio de romances familiares e de rêverie. A homesostase promove experiências fantasmáticas na infância. O equilíbrio experiências de comunhão que se tornam um referencial infantil para o crescimento. Estimula a fé nas pessoas e a esperança fazendo com que o melhor do mundo seja o futuro. A homeostase promove a mortificação por desamparos cumulativos, pelo desprezo e pela indiferença. O equilíbrio o crescimento para experiências, simultaneamente, mais complexas, mais simples e mais plurais, melhorando as pessoas e tornando-as mais fáceis e mais bonitas.

	RelaçãoTransitiva	Compatibiliza individualidade e autonomia. Promove a rêverie como resultado das experiências de comunhão. Estimula a alteridade. Desenvolve o gesto espontâneo como resultado do verdadeiro self a que se chega nas experiências de comunhão e compreende o namoro e o brincar como experiências que tendem para a comunhão.
	Relação Deprimida	Promove descuidos e desamparos cumulativos. A união familiar ou de casal faz-se em função de um sofrimento comum. Em ausência dele, prevalece um desprezo mútuo cumulativo.
	Relação Borderline	Promove experiências episódicas mas, ainda assim, frequentes de sofrimento violento. Em consequência dele os núcleos psicóticos geram uma angústia recorrente e episódios de violência contida, quer por conteúdos que se dizem que pelo tom com que se dizem. A unicidade dos membros duma família duma relação como esta faz-se em função dum inimigo comum.
	Relação Psicótica	A confusão de linguagens entre o sentido por cada e aquilo que é tolerado por todos gera a indiferença que conduz à psicose psicossomática ou a violência cumulativa que conduz à morte mental por actos sucessivos de imolação.
	Consequências para a dinâmica do casal das experiências familiares que prevaleceram no desenvolvimento de cada membro dum casal:	1 ⇨ RT, RD, RBL, RP 2 ⇩ |	RT	RD	RBL	RP
---	---	---	---	---
RT	RT	RD	RD/RBL	RBL/RP
RD	RD	RD/RBL	RD/RBL	RP
RBL	RD/RBL	RD/RBL	RBL/RP	RP
RP	RBL/RP	RP	RP	RP	 Membro 1 e Membro 2 dum casal em cujo crescimento prevaleceram experiências familiares onde prevalece: RT – Relação Transitiva RD – Relação Deprimida RBL – Relação Borderline RP – Relação Psicótica

Consequências Técnicas da Nova Psicanálise	Formas dum acompanhamento que integram o modelo dinâmico	Psicoterapia Psicanalítica (1 x semana ou 1 x 15 x 15 dias) Aconselhamento Psicanalítico (Consulta Terapêutica episódica) Psicanálise Pessoal (4 x semana)
	Primeiras 2 sessões	Elaborar, através de 6 diagnósticos que convergem, um diagnóstico, um prognóstico, uma estimativa de tempo para o acompanhamento e focos para a interpretação
	Objectivos dum acompanhamento	Integração Mental → Re-ligar tudo com tudo (nomeadamente, todos os aspectos mentais que indiciam sofrimento, censura, ausência de pluralidade e de ambivalência e impasse)
		Reposição dos conteúdos ecológicos da vida mental onde eles se perderam, recolocando em equilíbrio Sensibilidade → Imaginação → Fantasia → Pensamento Simbólico → Gestos Espontâneos
	Trajecto da Interpretação	Contra-transferência → Fantasma → Transferência
	Consequências do acompanhamento	Promover a transformação levando uma pessoa do Re-sentimento (que será enfado e hostilidade) ao Re-conhecimento (se as ligações nos aproximam uns dos outros os vínculos regeram-nos uns aos outros. Ligação será o que resulta duma experiência de empatia. Vínculo o que fica duma vivência em comunhão. Não há, portanto, reconhecimento sem vínculo. A presença do reconhecimento indicia a existência de um vínculo e a vivência da comunhão) e ao Pre-sentimento (quanto mais comunhão mais pré-sentimento) levando a que uma pessoa se torne mais complexa e mais simples, melhor e mais bonita

ÍNDICE

Capítulo 1 – **Psicanálise: uma revolução tranquila**	7
Capítulo 2 – **Da biologia à psicanálise**	17
O Inconsciente, da Biologia à Psicanálise	19
1. A fonte da subjectividade humana	20
2. O nervoso e o mental	21
3. O Inconsciente	22
4. O Pensamento	24
5. Inconsciente, intuição e sabedoria	26
6. A imaginação, o sonho, e o corpo	27
7. O inconsciente, da biologia à psicanálise	29
Do Pensamento à Psicossomática	35
1. O adoecer somático	35
1.1. *Controle obsessivo das emoções*	36
1.2. *Hipervigilância do sistema nervoso autónomo*	36
1.3. *O doente psicossomático e as emoções*	37
1.4. *Psicopatologia somática*	38
1.5. *Os sintomas do adoecer psicossomático*	38
2. Das emoções ao inconsciente	42
2.1. *O inconsciente da biologia*	44
3. As emoções	46
3.1. *Das emoções ao medo*	49
3.2. *Emoções e agressividade*	50
3.3. *Emoções Negativas*	52
3.4. *Os Sentimentos*	55
4. Conclusão	56
Capítulo 3 – **Sobre a comunhão**	65
A Liberdade do Nascimento e a Sabedoria do Bebé	67
1. Os desafios da vida	67
2. O universo da psicanálise	68
3. Uma pluralidade de futuros	70

4. A intencionalidade para pensar	71
5. A sabedoria do bebé	72
6. Ritmos de vida	73
7. A liberdade do nascimento	74
Da Comunhão à Comunhão	75
1. A actividade de pensar	75
2. A comunhão	80
3. Amor sem objecto	83
4. A regressão	84
5. Da comunhão à comunhão	86
Capítulo 4 – **Algumas notas sobre a maternalidade e o desamparo**	87
Da comunhão ao descuido	89
1. Um produto, incalculável, do acaso	89
2. O descuido e o desamparo	90
3. Onde o corpo se casa com a mãe	92
4. O Inconsciente como fronteira	94
5. Corpo, psicose e melancolia	95
6. As fronteiras do desenvolvimento	97
Capítulo 5 – **O sistema imunitário da mente**	101
1. Mecanismos da mente e o Aparelho de Pensar	103
2. O Sistema Imunitário da Mente	109
Capítulo 6 – **Neurose, patologia borderline e psicose**	117
A Neurose na recriação da psicanálise	119
1. A psicanálise e as crianças	120
2. A triangulação como eixo da vida mental	121
3. Neurose Infantil e Neurose da Criança	121
3.1. *A depressão neurótica*	123
3.2. *A parentificação narcísica*	123
3.3. *A psicoterapia das neuroses*	123
4. Saúde mental, neurose e estruturas psicopatológicas	125
Patologia Borderline e Psicose	129
1. A Memória	129
2. O Esquecimento	129
3. Tudo do que nos lembramos sem nos recordarmos	131
4. A memória das relações e a doença mental	132
4.1. *A vida interior da patologia borderline*	133
4.2. *A vida anterior na psicose*	137
4.3. *Os três conteúdos de um delírio*	140
4.4. *A Desertificação Melancólica*	142

4.5. *Depressividade e Melancolia*	143
4.6. *As duas formas da melancolia*	145
5. A memória da idealidade perdida	150
O núcleo melancólico da psicose: *reflexões a propósito de um caso clínico*	151
1. Os remorsos	151
2. O Diabo somos nós	152
3. Conclusão	164

Capítulo 7 – **Contributos para a construção de um modelo clínico em psicanálise** ... 167

Contributos para a Construção de um Modelo Clínico em Psicanálise 169
    1. O Acto Clínico 169
    2. O Acordo Clínico 170
    3. Diagnóstico Semiológico 171
    4. Diagnóstico Estrutural 172
    5. Diagnóstico Dinâmico 177
        5.1. *A Fantasia Inconsciente* 178
        5.2. *Os fantasmas* 178
        5.3. *Transferência estimada* 178
        5.4. *Contra-transferência* 179
        5.5. *Organizadores inconscientes da família* 181
    6. Diagnóstico de saúde mental, a partir da psicanálise 181

Capítulo 8 – **Esboço para uma nova psicanálise** 187

Apêndice 1 – **A infância dos pais nas dificuldades dos filhos** 201

A Infância dos Pais nas Dificuldades dos Filhos 203
    1. A Família 203
    2. Bebé Fantasmático, Bebé Imaginário e Bebé Real 205
    3. Infância Fantasmática e Infância na Fantasia 207
    4. A Relação dos Pais 209
    5. A infância dos pais nas dificuldades dos filhos 215
    6. Conclusão 218

Apêndice 2 – **Ensaio sobre a bondade** 219
    1. Procurar problemas 221
    2. O mundo depois de Darwin 222
    3. Sobre Deus e o Homem 224
    4. A bondade original 225
    5. Socorro em silêncio 227

Apêndice 3 – **Esquema de síntese das coordenadas para uma Nova Psicanálise** 233